How to Train a Wild Elephant
& Other Adventures in Mindfulness

最美好的都在此刻

53個創意、幽默、找回微笑生活的正念練習

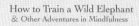

目錄

導言

人們經常跟我說：「我非常想要修持正念，但是我這麼忙，似乎找不出時間。」

大多數人們都以爲，正念是他們必須在工作、小孩、持家等已經滿格的日程中所要擠進去的某個東西。實際上，讓正念成爲你生活的一部份，更像是一個連連看或依照數字著色的遊戲。記得那些在各個小區塊標有數字，藉此告訴你使用哪個顏色的圖案嗎？當你爲所有的棕色區塊著色，接著是綠色區塊和藍色區塊，之後便開始出現一幅宜人的圖畫。

修持正念就像是這樣。你從自己生活的一個小區塊開始，比如說你接電話的方式。每次電話響起時，在接電話之前，你都停下一切，慢慢地做三次深長的呼吸。你這麼做，大約一星期的時間，直到它變成一個習慣。之後你再加入另一個正念的練習，例如具有正念的進食。當這「處於當下」的方式融入你生活之中，你再加上另一個。漸漸地，你在一天之中便有愈來愈多的時刻，都是處於當下並保持覺知，於是，覺醒生活的愉悅體驗便開始萌生。

本書中的練習，指向你生活中的許多不同空間，你可以開始塡上讓心胸開放的溫暖正念色彩。我是個禪修老師，住在奧勒岡的一座禪宗寺廟裡。我也是一名小兒科醫生、妻子、母親、祖母，所以我非常明白，日常生活可以變得何等充滿壓力且具有挑戰性。這些練習中的很多內容，都是我所研擬出來的，爲的是幫助自己在繁忙生活的流轉之中更具覺知，更爲快樂安適。我將這個集結，獻給所有想要成爲更處於當下、且更享受生活種種小小片刻的人。你無需參加爲期一個月的長期禪修閉關，也無需搬到一所寺廟以重建你生活的安詳平衡，你已經擁有它們。正念的日修會一點一滴的幫助你，顯露你現在所處生活的滿足和完美。

正念是什麼？它爲何重要？

近年來，研究人員、心理治療師、醫生、教育家和普羅大眾，都對正念產生了極大的興趣。目前，有大量的科學研究指出，正念對於身心健康具有諸多的利益。但是，我們所說的「正念」，到底是指什麼？

這是我想使用的定義：

「正念，是對發生在你周遭和自己內部（身、心、靈之內）的一切，有意的給予全然的注意。正念，是不具批判或評斷的覺知。」

有時候我們具有正念，有時候我們沒有。一個很好的例子就是，注意你擺放在車子方向盤上的雙手。記得你初學駕駛時，當你雙手笨拙的來回猛轉方向盤、校正和過度校正時，車子是如何一路搖晃彎曲前行的？那時你十分警醒，完全專注在駕駛的力學中。一陣子之後，你的雙手學會了熟練駕控，能做細微自動的調整，你可以不需要有意識的注意雙手，就能讓車子保持平穩前進。你可以同時開車、講話、吃東西、聽收音機。

於是，便會出現我們自動駕駛時全都曾經發生過的經驗：你打開車門，尋找鑰匙，小心翼翼的倒車出庫，然後……你把車停在辦公地點的停車場。等等！在你住處和公司之間的二十哩、四十分鐘期間，發生了什麼事？剛才的號誌燈是紅、還是綠？當你的身體熟練地操控車子，在交通和紅燈中穿行的時候，你的心，前往某個愉快或痛苦的地方度了個假，而在你抵達目的地時，突然又醒來了。

這是壞事嗎？若說你應該要對什麼感到羞愧或內疚，這並不算那種壞事。要是你能夠經年累月的自動開車上班而從未發生意外，你的技術可算非常高超！然而，我們可說，這是件悲哀的事；因爲，若我們花了很多時間用自己的身體做事，心卻在別處度假，這表示，在我們自己生命中的大部份時間裡，我們並非眞正的處於當下。當我們並非處於當下時，這使得我們持續感到隱隱約約的不滿。這個不滿足感，來自將我們和其他所有東西、所有人們之間隔絕的間隙，乃是人類生命的基本問題，它會引發那些我們被深切懷疑和深度寂寞所刺穿的痛苦時刻。

佛陀稱此爲第一個眞理（聖諦）：這意謂著，每一個人在某些時刻，都會體驗到這種痛苦。當然，我們生命中有很多快樂的時刻，但是，當我們的朋友各自回家，當我們覺得寂寞或疲憊，當我們感到失望、悲傷或受到背叛時，不滿足和不快樂就會再次升起。

我們都試過不需處方的對治法——食物、毒品、性、過度工作、酒精、電影、購物、賭博，我們服用這些以減輕身爲人類的凡俗生活之苦。這些對治法都有其短暫的效用，但是大多數則都有副作用，例如負債、失去意識、被逮捕或失去我們所愛的人，所以長遠而言，這些都只會增加我們的痛苦。

非處方藥的標籤表明：「僅用於暫時減緩症狀。若症狀持續，請看醫生。」在過去的幾年之間，我找到一種可靠的對治法，能夠減緩經常性的不安和不快樂。我爲自己和其他的很多人，都開過這種處方，而它的成效卓著，那就是：定期修習正念。

如果我們能夠學會處於當下，如實觀待事物，那麼我們對生命的諸多不滿都會消失，且會生起許多單純的喜悅。

其實你已經體驗過正念覺知的時刻。每一個人，都能記得至少一次、自己是完全清醒的時刻，那時，一切事物都變得清晰鮮明。我們稱這些是高峰時刻（高峰經驗），它可以發生在我們經歷某個不尋常的美麗或嚴厲體驗時，例如孩子出生，或是摯愛死亡，而它也可以發生在我們的車子打滑時——當我們注視著意外是否繼續發展時，時間慢了下來。但這並非必然是戲劇性的，它可以發生在平常走路的時候，當我們轉過一個路口時，刹那間，一切都豁然明亮。

我們將自己完全覺知的時刻，稱作高峰時刻。我們的生命和我們的覺知沒有分離，合而爲一。在這些時刻，處在我們和其他東西之間的間隙閉合，痛苦消失，我們感到心滿意足。事實上，我們超越了滿足和不滿足，我們處於當下，我們就是當下。我們品嚐到佛教徒稱之爲開悟生活的撩人滋味。

這些時刻，不可避免的都會消逝，然後我們又回到原狀，與其分離而脾氣暴躁。我們無法強迫高峰時刻或證悟出現，然而正念的工具卻能幫助我們，將造成我們不快樂的那些間隙閉合。正念能將我們的身、心、靈統整，使它們結合在集中的注意力之下。當我們藉此而整合爲一時，在「我」和「其他東西」之間的藩籬變得愈來愈薄，直到某個時間點，藩籬不見了！在那個期間——通常是個短暫的時刻，偶爾能夠維持一輩子——所有都是一體的，一切都是神聖安詳的。

正念的利益

修習正念有很多利益。羅徹斯特大學（University of Rochester）的布朗和賴安（Brown and Ryan）對快樂所作的研究表明，「高度正念的人，是心盛和正面心理健康的典範。」❶

譯注：

❶心盛（flourishing），是正向心理學的重要概念之一，其指一種完全、高度心理健康的表徵。例如，心盛的人常充滿熱情活力，並且無論在個人生活及社會互動之中，均能發揮主動積極、參與的正向功能。

它對你的心、靈，甚至是你身體的一切都有好處。但是，不要因爲我這麼說就相信我。試著把本書的練習做上一年，去發現它們能如何改變你的生活。

我發現正念有很多利益，以下是其中幾個。

1. 正念可節約精力

我們有幸能學習以技巧來執行任務，但不幸的是，這些技巧卻造成我們做事時變得不帶知覺。說此不幸，是因爲當我們變得不帶知覺時，我們便錯過生命中很大的一部份。當我們「恍神」時，我們的心一般會到這三處中的其中一處：過去、未來，或是幻想界。這三處在我們的想像之外，並不具任何實質存在。我們眞正活著的唯一時間及地點，就是我們現在所處的此時此地。

人類的心，能夠回憶過往，這是個獨特的天賦，它幫助我們從自己的錯誤中學習，改變不健康的生活方向。然而，當這顆心再度回到過往時，往往就開始無止盡地反芻我們曾犯的錯誤。「要是我當時這麼說就好了，那她就不會那麼說……」不幸的是，心似乎認爲我們非常愚蠢，它不斷重複憶念我們以前的錯誤，一再責備且批評我們。

我們不會花錢租片來看同樣的痛苦電影兩百五十次，但是不知爲何，我們卻讓自己的心一再重播一段很糟的回憶，每次都讓自己經歷相同的痛苦和羞愧。我們不會因孩子所犯的小錯而提醒他兩百五十次，但是不知爲何，我們卻允許自己的心持續念及過往，並在自己卑微的心中引發憤怒和羞愧。我們的心似乎是害怕我們會再次落入拙劣判斷、無知、缺乏注意力的陷阱中，它不相信我們其實是聰明的——足夠聰明到從一次錯誤中學習，而不再犯。

諷刺的是，充滿焦慮的心，反而可能會造成它最害怕的狀況。焦慮的心不明白：一旦它把我們拉入追悔過往的白日夢之中，我們就不再注意當下。當我們不能處於當下時，我們往往就無法聰明或善巧行事，此時，我們更有可能做出心所擔憂的那些事。

人類的心，能夠計劃未來，這是我們另一個獨有的天賦，它提供我們路線圖和導航的指南針，降低我們轉錯方向而陷入長時間白白繞路的機率，增加我們在抵達生命終點時，對自己的生命路途及成就感到滿意的機率。

不幸的是，這顆心在爲我們焦慮的時候，試圖對各式各樣可能的未來做計劃，而其中大多數永遠都不會來臨。這持續性的躍入未來，是對我們心理能量和情感能量的一個浪費。要對不可知的未來做準備，最重要的方式就是做一個合理的規劃，接著留意當下正在發生的一切，然後我們就能以清楚、彈性的心態和開放的心胸，迎接朝向我們而來的一切，做好準備，並有能力依據當時的實際情況來調整我們的計劃。

這顆心也樂於到幻想界遊憩，在那裡創造一個嶄新、不同於自我的內在影像——有名、英俊、有權力、有才能、成功、有錢、爲人所愛。人類的心，有著能作幻想的美妙能力，這是我們一切創造力的基礎，讓我們想像新的發明，創作新的藝術和音樂，得到新的科學假說，並且爲我們的新建築、到生命的新篇章……種種一切做計劃。不幸的是，它可能成爲一種逃避，讓人逃避當下這一刻所有不舒適的事物，逃避不知有什麼正朝我們而來的焦慮，逃避下一刻（或下一小時、隔天、明年）可能會帶給我們艱難或甚至死亡的恐懼。不停歇的幻想和白日夢，不同於有方向的創造力。創造力來自將心安住於中立的狀態，讓其自清自明，並提供一塊新鮮的畫布，讓新的想法、公式、詩句、旋律或彩筆揮毫得以展現其上。

當我們讓心安住於當下，讓心完全充滿了當前正實際發生的一切，從徒勞搾取精力以能到過去、未來、幻想界的重複逸遊中轉離，這時，我們是在做一件非常重要的事，我們保存心的精力和能量，讓心維持生氣勃勃和敞開，爲回應我們面前所升起的一切做好準備。

這聽起來可能微不足道，但並非如此。通常，我們的心並不安住停歇；甚至在夜晚，我們的心也都是活躍的，由於我們生活中的焦慮和各個事件的混合，於是生出了夢境。我們知道，自己的身體若是沒有休息就無法好好運作，所以我們讓它每晚至少能躺下，放鬆幾個小時。然而我們卻忘了，自己的心也需要休息。它能獲得休息的地方，就是當下這一刻，它能在此躺下，在事件流轉中放鬆。

修行正念可提醒我們：不要將自己的心靈精力，浪費在過去和未來的旅行中，而是要持續回到當下這一處，安住在此時此刻所發生的一切之中。

2. 正念可訓練並強化心靈

我們大家都知道，人體是可以被訓練的。我們可以變得更柔軟（體操運動員和雜耍演員），更優雅（芭蕾舞者），更有技巧（鋼琴演奏者），更強壯（舉重選手）。相較之下，我們較少知道，心也有很多可以發展的層面。

就在佛陀證悟之前，他描述了多年以來所發展的心靈特質（心意功德）。他觀察到自己的心變得「專注、清淨、光明、無染、調柔、易使、無漏、安穩」。我們修習正念時，便會學到如何把心從其忙碌的習性中遷移，轉而安置在我們所選擇的地方，以便照亮我們生活中的某些層面。我們訓練自己的心，讓它變得輕盈、有力、具有彈性，但也能夠專注在我們要它專注的東西上。

佛陀曾說，要調伏自心。他說，這就像是調伏森林裡的野象。如同一頭未被馴服的大象，可能會踐踏莊稼並傷害人們而造成損害，這顆未被馴服、上竄下跳的心，也一樣會對我們和周圍的人造成傷害。我們人心所具有的能力和力量，遠比我們所知道的更爲巨大。正念是訓練心靈的強大工具，使我們得以接近和使用心靈的眞正潛能，以升起慧觀、仁慈、創造力。

佛陀指出，當一頭野象最初被捕並帶出叢林時，必須將牠拴在柱子上。就我們的心而言，那根柱子便是我們修行正念時的注意力集中處，例如呼吸、一口食物，或我們的姿勢。我們重複把自心帶回某處，將它定錨，這能平靜自心並且斷除雜念。

一頭野象會有很多狂野的習慣。當人類接近時，牠會跑開。當受到驚嚇時，就攻擊人。我們的心也一樣。當它感到危險時，就會從當下跑開。它可能跑到愉悅的幻想中，到未來的報復念頭裡，或只是變得痲木不仁。若它受驚，可能會怒氣大發而攻擊別人，或可能會向內攻擊——無聲但具有腐蝕性的自我批判。

在佛陀的年代，大象被訓練用來作戰，要使牠們在戰爭的喧囂混亂中，服從命令而不逃跑。同樣的，受過正念訓練的心，可以在現代生活的快速變遷環境下保持穩定。一旦我們的心獲得調伏，當我們遭遇到世界所帶來不可避免的艱難時，就可以保持平靜穩定。最終，我們便能不逃避問題，而視其爲考驗我們和增強我們身心穩定性的一種方式。

正念可幫助我們察覺心的逃避習性和制約性模式，讓我們得以嘗試另一種的處世方式。那種方式就是，安住我們的覺知於當下時刻的實際事件中——耳朵所聽到的聲音，皮膚所感受的感覺，眼睛所捕捉的顏色和形狀。正念可幫助穩定心靈，使其對於出乎意料之外、降臨生命之中的事情，不再受到如此的煎熬。如果我們具有足夠的耐心，持久地修習正念，最終我們會對所發生的一切，都感到興趣盎然，我們會好奇能從中學到些什麼——即使是對於逆境，最終甚至是從我們自身的死亡中，也能有所學習。

3. 正念能有益環境

在過去、未來、幻想生活之間無止盡兜圈子的這些心理活動，絕大部份不只是毫無意義，而且還具有毀滅性。怎麼說呢？它的燃料有害生態，那燃料就是焦慮。

你可能會覺得奇怪，焦慮和生態有何關係？當我們談論生態時，我們通常想到的，是一個與在其中生活的眾生有物質關係的世界，例如一座森林和其中細菌、眞菌、植物、動物等之間的關係。但是生態關係是基於能量的交換，而焦慮是個能量。

我們或許知道，如果一名母親長期焦慮，經由血流和胎兒所浸潤其中的營養物、荷爾蒙的改變，可能會對她尚未出生的孩子有著不良的影響。同樣的，當我們焦慮時，也會影響在我們體內的眾多生「物」——我們的心臟、我們的肝臟、我們的膽囊、我們膽囊內的數十億細菌、我們的皮膚。我們的恐懼焦慮，其負面影響不僅只限於我們身體的這個容器之內，它也會影響我們所接觸的每一位眾生。恐懼是具有高度傳染性的一種心理狀態，能夠迅速漫延至家人、社區、整個國家。

正念，是關於將自心安住在一個沒有焦慮、沒有恐懼的地方。事實上，在那個地方，我們覓得相反的東西。我們發現機智、勇氣，以及安詳的快樂。

那個「地方」在哪裡？它不是個地理位置，它不是個時間上的某個點，而是當下所流經的時間和處所。焦慮是以過去和未來的念頭作爲燃料。當我們放下這些念頭時，我們就放下了焦慮，而爲自己覓得安適。我們如何放下念頭呢？我們放下念頭的方式，是將精力暫時撤離心的思惟功能，而使其轉向心的覺知功能。這個對於覺知的有意識灌注，就是正念的精要。放鬆卻又警覺的覺知，是對治焦慮恐懼的靈丹妙藥——無論是我們自己的，還是他人的焦慮。這是有益生態的人類生活方式，會使大環境變得更加美好。

4. 正念能創造親密

我們的基本饑餓並不在於食物，而是在於親密感。當我們在生活中失去親密感時，我們會感覺到與他人疏離、寂寞、易受傷害、不爲世界所愛。

我們習慣性地從他人那裡尋求我們對所需親密感的滿足。然而，我們的父母和友人並非總是時時以我們需要的形式出現。幸好，深刻的親密感對我們來說是隨時可及的，只要我們能轉身迎向生命，但這需要勇氣。我們必須有意的敞開我們的感受，有意的覺知在我們身體裡、心靈內，以及外在環境中所發生的一切。

正念是幫助我們覺知的工具，簡單到難以置信。它是個修持，幫助我們醒來、處於當下、過著更為精彩豐富的人生。它幫助填補我們日子裡的間隙，這個間隙就是我們頻頻變得不帶覺知的時刻，以及那些我們並非處於當下的大部份生命時刻。這個修行也會幫助我們消除使人感到挫折的間隙，也就是似乎存在於我們自己和他人之間的隱形藩籬。

5. 正念能使我們不再掙扎並戰勝恐懼

正念可幫助我們留駐在當下，與不愉快的經驗共處。為了使自己感到安適，我們通常會試圖安排世界和別人。我們花費很多精力試圖調整一切，讓自己周圍的溫度恰到好處，燈光恰到好處，空氣中的香氛恰到好處，食物恰到好處，床鋪和椅子的柔軟度恰到好處，牆壁的顏色恰到好處，住家四周的地面妥妥當當，我們四周的人們——孩子、親密伴侶、朋友、同事、甚至寵物——都恰如其分。

但是，即使我們可以這麼嘗試，事情卻不會依照我們想要的方式持續下去。我們的孩子會發脾氣，晚餐會燒焦，暖氣會故障，我們會生病，這都是遲早的事情。如果我們能夠留駐在當下，並且開放，甚至是歡迎讓自己覺得不舒服的經驗與人物，它們就會失去讓我們害怕並使我們抗拒或逃避的能力。如果我們能夠一再重複的這麼做，我們就會獲得不可思議的力量，這是在人類世界中罕見的力量，即使境況不斷改變，依然感到快樂。

6. 正念能維續我們的靈性生活

正念的工具邀請我們注意生活中的諸多微細活動，對於想要在現代生活種種分心事物中滋養靈性生活的人而言，尤有助益。鈴木俊隆禪師曾說：「禪不是某種興奮，而是對於我們日常事務的專注。」正念修持將我們的覺知帶回此身、此時、此處。這正是我們能因「神聖」的永恆存在而感動的地方。當我們具有正念時，對於自己被賦予的這個特定生命之每一時刻，我們都會感恩欣賞。正念是我們對一個永遠無法回報的禮物表達感激的方式，正念能夠成爲感恩的恆常祈禱。

基督宗教的神秘主義者說到了「持續禱告的生命」。這指的是什麼呢？當我們被現代生活的高速往來沖刷而去，不停的樽節用度，沒有足夠時間與自己家人說話的時候，還談什麼上帝？

眞正的禱告不是祈願，而是聆聽，深入地聆聽。當我們深入聆聽時，我們發現，即使是自己念頭的「聲音」也具有破壞性，甚至是令人厭煩的。放下念頭，我們能進入更深層次的內在寂止與納受性。如果我們在自己的核心中，能懷持這種敞開的寂靜，並以此做爲自己的核心，那麼我們就不會再因爲試圖釐清和抉擇眾多相互競爭的內在聲音而困惑。我們的注意力也不會再陷入糾纏不清的情緒中，而是面向情緒之外。我們在一切外顯中尋找「神聖」，在一切音聲中聽到「神聖」，在一切接觸中爲「神聖」所拂觸。當事物迎面而來時，我們能夠做出合宜的回應，接著轉回安住於內在的寂靜中。這就是活在信仰之中的生命，這是對於「一心」的信仰，是一種持續禱告的生命。

當我們將正念灌注於某個日常活動之中，然後是一個接一個的日常活動，如此一來，我們就是覺醒地面對每一刻的奧秘——直到它們來臨之前，全都是未知的。當事物前來時，我們會做好準備、迎接對應。我們時時刻刻接納偉大當下所賦予我們的一切，它們可以是簡單的禮物、我們手捧一杯茶時透過自己雙手所傳來的溫暖、衣物觸及我們皮膚時的數千個細微愛撫、雨滴的複合音樂、再次的呼吸。當我們對於活著的每一刻現實都能夠全神貫注時，我們就進入持續禱告的生命大門。

對正念的誤解

雖然正念受到高度的稱許，人們卻容易有所誤解。首先，他們也許誤信了修持正念的意思，認為那是要努力思惟某個東西。對於正念，只有在剛開始修持的時候，我們才會運用到心的思惟力量（比方說，覺知你今天的姿勢），並且，在一天當中，在這個心不可避免的遊移時，提醒我們回到練習之中（比方說，將你的覺知轉回你的姿勢）。然而，一旦我們依循心的指示，開始運用方法時，我們就能放下念頭。當思惟的心安靜下來的時候，它會轉入做開的覺知，於是我們在體內定下，保持警覺，同時又處於當下。

關於正念的第二個誤解是，人們認爲它代表著做每件事情都要「很慢」。我們做事情的速度不是重點。慢慢做一件事情卻依然缺乏注意力，這是有可能的。事實上，當我們快速運作時，若想避免錯誤，往往需要更具注意力。爲了使用本書中的某些正念工具，也許你會需要慢下來，例如修習正念進食的時候。對於其他練習，則會被要求暫時放慢一段時間，以便於再次從事你的常規活動之前，使身心結合在一起，例如以三次呼吸來安住自心。其他的功課則可用任何的速度履行，例如關於坐下、走路、跑步時注意雙足底部的練習。

第三個常見的誤解是，人們認爲正念是有限定時間練習的課程，像是禪坐三十分鐘。正念的助益可以擴及我們生活中的所有活動——早上起床、刷牙、走過一扇門、接電話、聽人說話，並能夠爲生活俗務帶來猶如光明的高度覺知、好奇和發現。

如何使用本書

對於如何將正念帶入日常生活之中，本書提供了種類廣泛的方式，我們稱之爲「正念練習」。你也可以視其爲正念「種子」。播下種子，使正念在你生活的眾多角落中成長，便可以觀看種子成長並每天結果。

每個練習都有幾個部份。首先是對任務的描述，以及如何提醒自己在一天、一週中實施的一些建議。其次是題名爲「發現」的內文中，包括人們對於任務的觀察、洞察、困難點，以及相關的研究發現。在「深入課程」部份，我會探討與練習相關的課題和更廣大的生命課程。每一個練習都像是一扇窗，使我們窺見覺醒生活的可能樣貌。最後是一些「結語」，總結練習，或激勵你繼續開展。

使用本書的一個方式，是在每一週開始之時，只閱讀任務描述和提醒你如何實施的部份。不要先偷看後面的內容喔！把提醒自己不要忘記功課的字語或圖片，放在你白天會見到的地方。到了那一週的中間，便可以閱讀該練習的「發現」部份，看看其他人試行之時有何經驗或見解，這可能會改變你看待練習的方式。在那一週的最末，你可以在開始新的練習之前，閱讀「深入課程」的部份。

你也許會想要試試我們在寺廟裡所用的方式：我們從第一個正念練習開始，每個練習持續一週，在一年之中依序修持。你可以在每個週一，開始一項新的任務，接著在每個週日完成任務的閱讀或日誌。如果某個特定練習或主題，似乎特別適合你這一週的生活情況，你也可以跳著做。有時候，如果持續升起洞察或者我們想要修得更好，我們也會試著持續兩、三週都做同一個正念練習。

就像我們在寺廟中所做的一樣，和別人一起做這些練習會很有樂趣。你可以成立一個正念修行小組，選一個練習做一、兩週，然後集會，讓人們分享各自的心得。我們在每週的討論時間裡，都有很多的笑聲。重要的是，不要把自己的「失敗」看得太嚴重。每個人都有不同的經驗、洞察，大家都有關於自己嘗試這些練習和失敗的趣事可以分享。

大約二十年前，我們開始在寺廟裡進行每週一個新正念工具或任務的修持。這想法來自一位男士，他曾住在一個依循神秘學家葛吉夫（Gurdjieff）教導的社群之中。他解釋說，你是否成功的完成任務，這並不重要，有時候，「不做」練習反而比做練習還能教你更多的東西，因爲你得到了一個可觀察自己爲何沒有做功課的機會。那是什麼造成的呢？懶惰、固有的排斥，或只是發呆恍神？重點是，要以愈來愈具有意識的方式過生活。葛吉夫稱此爲「自我憶念」。在佛教，我們稱其爲我們眞實自我的覺醒，是對我們生活的如實覺醒，而不是經常在腦海裡過著幻想的生活。

提醒

多年以來，我們發現每週正念修行的最困難部份，不過就是記得去做它們。所以我們發明了種種的方法，在一天和一週之中提醒自己。通常我們會在寺廟四周可能看見的地方，貼上文字或小張圖片。你可以從網站 www.shambhala.com/howtotrain 列印出我們簡單的（英語）提示。這些提示，在書中都有敘述，但請發揮創造力，發明你自己的提示標誌。

正念修持筆記

爲了幫助你從這些修持中獲得最大的利益，我建議你用筆記本，在你試行每個正念練習時，記錄下你的經歷和心得。如果你是和小組成員共同研讀這本書，便可以把筆記本帶到你們的討論會中，作爲對自己的發現和所遭遇障礙的提醒。在你的桌上或床邊放個筆記本，也有助於提醒你要做本週的練習。

持續下去

我們希望，當一個正念工具使用了一週之後，它就會留在我們之中，成爲我們要不斷拓展的正念能力之一。然而，身爲人類，我們往往會落回舊有行爲和缺乏意識的習慣性模式中，這就是爲何我們在寺廟裡已經持續使用這些正念練習達二十年之久，並且持續發明新的練習的原因。這是正念覺醒之道最美妙的層面之一——它永無止盡！

練習 1

使用你的非慣用手

每天使用你的非慣用手做一些平常事務，這些事可以包括刷牙、梳頭，或是每一餐至少有部份時間是以非慣用手進食。如果你想要來個大挑戰，那就試著以非慣用手寫字或拿筷子吃飯。

提醒自己

有個方式可以讓你在一天之中，都能記得這個功課，那就是在你的慣用手上，貼一個OK繃。當你留意到它時，就換手，而使用非慣用手。你也可以在浴室的鏡子上，貼一個寫著「左手」的小標語（如果你慣用右手），或是在你的鏡子、冰箱、書桌……任何你可能會看見的地方，貼一張手掌形狀的紙片。

另一個方式，是在你的牙刷手柄上貼個東西，提醒你要以非慣用手刷牙。

發現

這個實驗總是引人發笑。我們會發現，自己的非慣用手相當笨拙。使用非慣用手，能將我們帶回禪師所謂的「初學者之心」。我們的慣用手可能有四十歲，而非慣用手卻幼稚許多，可能只有兩、三歲。我們必須重新學習如何拿叉子，學習如何將叉子放入口中而不刺到自己。我們也許會開始以非慣用手非常不靈活地刷牙，當我們不注意時，我們的慣用手甚至會伸出，把牙刷或叉子拿走！就像是一個好爲老大的姊姊在說：「嘿，你這個小傻瓜，讓我來吧！」

掙扎著使用非慣用手，能夠喚醒我們對一切笨拙或技術很差的人升起悲心，例如對殘疾、受傷、中風的人。我們能暫時看到，對於很多人無法成功做到的簡單動作，自己是如何的視之爲理所當然。以非慣用手拿筷子，是個讓人謙卑的經驗。如果你想要在一個小時之內吃完一餐，而又不把食物弄得到處都是，你就必須非常注意。

深入課程

這個功課顯示，我們的習慣是多麼強大和不自覺，若是沒有覺知和決心，就很難改變這些習慣。這個功課能幫助我們，將初學者之心帶入我們每天做了幾次、卻常只有部份覺知的一切活動之中，例如吃東西。

使用非慣用手，顯露出我們的缺乏耐心，這能夠幫助我們變得更為靈活，並且讓我們發現，對於學習新把戲，自己永遠不嫌老。如果我們經常練習使用非慣用手，我們會看到自己的技能將隨著時間增長。我練習使用左手已達數年之久，現在我已經忘記哪一隻才是「正確的」❶手。這會有實際的利益。如果我失去慣用手的使用能力，就像我有些親戚在中風之後的情形，這時我不會陷入無助的境地。當我們發展出一個新技能的時候，我們便會明白，自身之中，還有很多正在沉睡的其他能力。這個洞察可以激發信心，相信我們只要經過練習，

❶作者玩弄雙關語，英文 right hand 同時指「右手」和「正確的手」。

就能多方面的轉化自己，通往更靈活、更自由的人生。如果我們願意努力，隨著時間過去，我們將可喚醒自身之中自然智慧所產生的技巧，並且讓它在我們的日常生活中運作。

鈴木俊隆禪師曾說：「初學者之心充滿著各種可能性，而老手的心卻不然。」無限的可能性，一向是來自當下時刻這偉大的誕生處，而正念可幫助我們持續回到那無限的可能性。

結語

將可能性帶入你的生活，在一切情況下都開展初學者之心。

練習 2

使用後不留痕跡

選擇你房子裡的某個房間，試著在一週內不留下你曾經使用該空間的痕跡。對大多數人而言，浴室或廚房是最佳的選擇。如果你在那個房間做了某些事情——煮飯或淋浴，之後就完全清理到沒有任何你曾待過那裡的跡象，或許除了食物的氣味或是肥皂的香味以外。

提醒自己

在你所選擇的房間內，貼一個「不留痕跡」的標語。

在禪畫之中，烏龜是這個不留痕跡練習的象徵，因爲在它們爬過沙子時，會用尾巴掃除足跡。除了書寫標語之外，你也可以使用烏龜的小圖片作爲提醒。

通常在我們離開房間時，房間都會比我們進去之前更爲凌亂。我們會想：「我待會兒再整理。」這個「待會兒」從不會發生，直至凌亂到我們難以忍受時，方才感到惱火而做個徹底清掃。有時，我們會因爲別人不做他們份內的家務事而感到惱火。如果我們能夠馬上把事情做好，事情會變得有多簡單呢？那麼我們就不會隨著堆積而起的髒亂，而感到愈來愈惱火。

這個功課，幫助我們更覺知到自己逃避做某些事情的傾向，甚至是我們「能夠」當天處理好、但卻不知爲何缺乏動機去做的小事。我們「能夠」在經過時撿起走廊的垃圾，或是撿起洗手間裡掉在垃圾桶外的紙巾。我們「能夠」在起身之後放直沙發上的靠墊，或是洗好我們的咖啡杯，而不是把它放在水槽裡。而且我們能夠把工具收好，即使我們明天還要使用。

有人觀察到，在一個房間內不留痕跡的正念，會傳佈到其他區域。一開始，是在飯後立刻洗掉髒碗盤，這引發在起床後馬上整理床鋪，接著是在沖澡後立即清掉排水口的少許毛髮。對於最初的能量，我們必須進行召喚，但是在這之後，能量似乎可繁衍出更多的能量。

深入課程

這個練習，凸顯出我們的懶惰傾向。「懶惰」一詞是個敘述，而非批評。如果我們沒有全心全意的生活，往往就會留下爛攤子給別人去收。我們可以輕易的洗好碗盤，但卻不把它們擺回餐具櫃裡。當生活忙亂時，很容易就略過禪修或禱告。

這個功課，也把覺知帶到支持我們一整天生活和工作的很多小東西上——包括餵食我們的湯匙和叉子、使我們保暖的衣服、爲我們庇護的房間。當我們以正念清洗、擦乾、打掃、摺疊、收起我們的東西時，這便成了感謝它們默然服侍的表達。

禪宗大師道元曾對他寺院的廚子寫下明確的指示：「要清潔筷子、勺子和所有其他的用具；以平等的關注和覺知照料這些用具；把所有東西放回其自然歸屬之處。」清洗髒東西並擺好它們，這讓人具有某種滿足感，關愛的照料每個服侍我們的東西也是如此，無論那是塑膠盤子或是精緻瓷器。當我們清掃四周環境或清潔周遭物品時，我們的心似乎變得「更潔淨」，我們的生活變得較不複雜。一位朋友告訴我，他從一位年長阿姨家裡清出了大量的舊衣物、過期很久的醫藥和垃圾。他說：「一開始她看來很憂慮，但是接著就放鬆了。而且我們每拿出一袋東西，她看來就又年輕了一歲。」

對於不留痕跡的滿足感，也許反映出我們有個深藏的願求，那就是希望當我們離開這個世界時，世界不會比我們來時更差，並且希望它還能更好。理想上，我們所留下的唯一痕跡就是我們曾經愛過、啓發過、教導過或服侍過他人，而在未來能對人們具有最正面影響的，也就是這些。

結語

首先練習不留痕跡。接著練習離開事物時，使它們的狀態比原先更佳。

練習

3

清除贅詞

察覺對贅詞的使用，試著在你講話時不出現這些。贅詞就是對你所說的話不增添意思的詞語，例如「嗯」、「啊」、「所以」、「然後」、「像是」、「你知道的」、「有點」、「似乎」等等。新增的贅詞不時擠進我們辭彙之中，近來添加的或許還包括「基本上」、「無論如何」。除了消除贅詞之外，檢視自己是否能夠察覺爲何慣於使用它們——在什麼情況下使用？目的爲何？

提醒自己

要察覺自己正在使用贅詞，在一開始的時候，是件極爲困難的事情。你可能還需要徵召朋友或家庭成員來幫忙。孩子會很喜歡抓到父母正在使用贅詞，並且予以糾正。請他們在聽到你說贅詞時舉手。一開始，舉手和放下的頻率會高到讓你惱火。這個習慣是如此的不自覺，你可能還必須請他們告訴你，你剛剛到底說了哪個贅詞！

另一個能夠聽到你使用贅詞和出現頻率的方式，便是錄下你自己所講的話。請一位室友、伴侶或孩子，用手機或錄影機，在你談話或講電話時錄音。重播並且列下你所使用的贅詞及出現的頻率。

發現

在寺廟裡，我們發現這是對我們最具挑戰性的正念練習之一。除非你是個受過專門訓練的演說家，否則，要聽見你自己的贅詞並在說出口之前抓住它們，這件事困難到讓人倍感挫折。在演講社團（Toastmasters clubs，訓練公開演講的團體）裡，會指派專人在大家講話時記錄贅詞，以幫助成員學習如何成爲有效的演說家。一旦你開始聽見贅詞，你就會發現它們無所不在：收音機、電視裡，日常會話裡……到處都有。一名典型的青少年，一年使用「像是」（like）這個贅詞的頻率，估計有二十萬次！你也會注意到有哪些演講者不用贅詞，並且發覺到除去贅詞的演講是多麼的有效果而有力量。例如，聽聽馬丁．路德．金恩牧師、達賴喇嘛或美國總統歐巴馬的演講裡，是否有用到贅詞。

贅詞似乎被用來滿足幾個功效。它們塡補空白，告訴聽者你即將開始說話，或是你還沒講完。「所以，我告訴他，我對於他的想法是怎麼想的，然後，嗯，我說，像是，你知道的……。」贅詞也能軟化我們所說的話，使其較不明確或較不武斷。「所以，無論如何，你知道的，我覺得我們，基本上，似乎應該進行這個案子。」我們是怕引起反感或做了錯事嗎？我們並不想要一個說話如此優柔寡斷的總統或醫生。若是贅詞將語義大大的稀釋，以致於讓內容聽起來變得可笑，那麼對聽眾來說，就是一種阻礙。「耶穌似乎是說，愛你的——你知道的——鄰居，有點、像是、如同你自己一樣。」

深入課程

在過去五十年間，贅詞才開始變得普遍。是否因爲學校較不重視精練的演說、朗誦和辯論技巧？還是因爲，在今日多元文化的後現代世界中，眞理經常被視爲相對的，所以我們故意把講話的方式變得較不明確？我們是否在害怕，自己可能說出政治上不正確的話語，或是招惹出聽眾的反應？我們是否正落入道德上的相對主義？如果這個潮流持續，大家將會發現自己在說：「偷竊就有點像是，就某種方式而言，是不對的。」

當我們自心清明時，我們能夠以直截了當的方式說話，精準但不侮辱他人。

這個正念工具顯示，缺乏覺知的行為，是多麼的根深蒂固，而要改變它們，又是多麼的難上加難。使用贅詞等無意識的習慣，也正是如此的不帶覺知。只要它們還維持在無意識的狀態中，就不可能改變。唯有在我們把覺知光明引向行為的模式時，才開始有某些調整它們的努力空間。即便如此，要改變根深蒂固的行為，還是非常困難。一旦我們不再積極地、努力地改變一個不想要的習慣，它馬上就會故態復萌。如果我們想要改變自己，如果我們想要實現自己的潛能，就需要仁慈、決心，以及穩定持續的練習。

結語

「我認為你們全都是開悟的，直到你們張嘴之前。」——鈴木俊隆禪師

練習 4

欣賞你的雙手

一日數次，在雙手忙碌之時，注視它們，彷彿它們屬於某個陌生人。在它們靜止之時，也觀看它們。

提醒自己

在你的手背，寫上「看我」等字眼。

如果你的工作不允許你這麼做，那麼就戴一個你平常不用的戒指。（如果工作中不准戴戒指，例如在手術房，那麼你可以利用洗手或戴上外科手術手套時，覺知你的雙手，如同它們屬於某個陌生人。）

如果你平常不擦指甲油，你或許可以一整週都擦指甲油，以提醒自己要觀看雙手。或者，若你平常會塗指甲油，這時就塗上一個不尋常的顏色。

發現

我們的雙手十分善於做各種事務，而且它們能夠自行做很多事，不需要頭腦給太多的指導。觀看它們工作、忙碌地過著自己的生活，是非常有趣的。雙手能做的事情還真多！這兩隻手，能一起工作，也能同時做不同的事情。

做這個練習時，我們注意到大家都有自己個人特色的手勢。我們的手在我們說話時會揮動，幾乎像是它們自己在動一樣。我們注意到自己的手，會隨著時間改變。看著雙手並且想像它們在你小時候的樣子，然後想像它們隨著你的成長而改變，直到它們變成現在這時候的狀況。接著想像它們變老，在你死時變得沒有生命，進而分解消融，回返大地。

即使當我們睡著時，我們的雙手依然照顧著我們——拉起毯子，抱著身旁的人，關掉鬧鐘。

深入課程

我們一直都被照顧著。有些禪師說，身體對我們的照顧（我們甚至沒有覺知到身體在照顧我們！）證明了我們的「本初自性」——我們生命本具的良善和智慧——的美妙和持續作用。我們的手，在我們甚至還沒意識到熱度之前，就已經從火中抽回；我們的眼，在我們覺察到尖銳的聲響之前，就已經自作眨眼；我們的手，在我們還不知道有東西落下之時，就已經伸出並接住。左右手協同工作，每一隻手各做它那一半的工作。把碗盤擦乾時，一隻手拿碗盤，另一隻手拿毛巾。拿刀子切菜時，一隻手拿蔬菜，另一隻手同時就負責切。它們合作，彼此互相清洗。

有一個關於大悲菩薩的公案，大悲菩薩在日文稱作觀世音（Kanzeon），在中文則是觀音。她通常被描述爲：具有千眼，觀看每一個需要安適的人；具有千臂，每一臂各持一個不同的手幟以幫助眾生；有時候，甚至每一個手掌上都有一隻眼睛。故事是這樣的：

某日，雲儼禪僧問道悟禪師：「觀世音菩薩如何使用那麼多的手和眼？」

道悟回答：「就像是一個人在半夜時，伸手到頭後面找枕頭。」

我有個學生，是製造絃樂器的工匠，他對這個故事有自己的洞察。當他在吉他琴身的內部、一處他無法看見的位置工作時，他領悟到他的手有「眼睛」，它們能詳細「看見」正在碰觸的表面並且工作，甚至是在黑暗中。他的內在之眼和他的手美妙合作，就像是睡著的人「看見」枕頭並且自然伸手把枕頭拉到自己頭下一樣。在禪宗，我們說，這展現出當我們的自心不作阻礙時，內在智慧與悲心協力合作的樣貌。

當我們清楚看見一切存有的合一時，我們就會看見萬事萬物都在協力合作，有如雙手和雙眼一般。正如我們的手不會傷害我們的眼，我們的自性也不會傷害我們自己或他人。

結語

雙手輕鬆合作，完成了很多美妙的事情，它們從不彼此傷害。在兩個人之間，有可能做到這一點嗎？

練習 5

吃飯時只管吃飯

在你這週吃飯或喝東西時，不要做任何其他的事情。坐下，慢慢享用你所攝食的東西。在你飲食的時候，打開所有的感受。觀看顏色、形狀、表面的質地。注意氣味和你口中的味道。傾聽你在吃、喝時所發出的聲音。

提醒自己

在你吃飯的餐桌上，貼個字條：「只管吃飯」。在你可能吃點心的地方，也貼上這個提示語。

在你吃飯時可能會分心的東西上，也貼個字條，例如，在你的電腦或電視上，貼個畫了大叉的「吃飯」一語，提醒自己在吃飯時，不要使用這些東西。

對大多數人而言，這不是個簡單的任務。如果你走在路上，從這個地方要到那個地方，正要喝一口茶或咖啡，你會需要停下，找個地方坐下，好好品嚐。如果你是用電腦工作，你就必須把兩隻手都移開鍵盤，將你的視線轉離螢幕，以便能好好品嚐一口咖啡。

同時持續進行多項工作，這是個時髦的習慣，吃飯已經變成這其中的一部份。當我們做這個練習時，我們再次發現自己在吃飯時，竟然同時在做這麼多其他的事情。我們一邊吃飯，一邊走路、開車、看電視或看電影、閱讀、上機工作、打電玩和聽音樂。

一旦我們除去這些顯而易見的活動，就會來到缺乏注意力的更細微層面——邊吃東西還邊說話。我們的父母可能在我們滿嘴食物卻還說話時，曾經喝斥過我們，但是我們發現，自己仍然同時一邊吃飯一邊說話。做這個功課時，我們會學到要輪流吃飯和說話。也就是說，如果你想要說話，就停止吃東西。不要同時做這兩件事情。

在吃飯時進行社交，已經是很普遍的事情，所以你可能會覺得，在餐廳裡單獨吃飯，卻不讀點什麼或讓自己分心，這會有點奇怪。你可能會臆測別人的想法：「可憐的傢伙，沒有朋友。」你拿起書本或打開電腦，以顯示自己是具有生產力的，不會「浪費時間，只是吃飯」。邊吃東西邊做其他事情的另一個問題是，過量食物在不知不覺間下肚，最終則屯積在你的腰圍上。

在日本和歐洲的部份地區，邊走邊吃、喝東西是非常粗魯的事情。在日本，你唯一能站著吃或邊走邊吃的東西，就是冰淇淋甜筒，因爲它會融化。對於那些購買速食食品後，邊走邊大口咀嚼的粗俗外國人，他們則會瞪視。他們甚至連速食都會先拿回家，以悅人的方式擺放在餐桌上以供享用。用餐，是個放慢腳步，眞正享受食物、飲料和同伴的時間。

深入課程

爲何我們會認爲不得不一心多用，不能因爲「只是」吃飯而浪費時間？這似乎是因爲我們對自我價值的衡量，乃基於自己一天能夠生產多少東西，或是能夠劃掉我們冗長「待辦事項」清單中的多少條目。吃喝則屬於不能替我們賺錢、贏得配偶或諾貝爾獎的活動，所以我們開始覺得它們不具價值。在正念進食的工作坊中，很多人會說：「哦，我只是想趕快吃完飯，好去工作。」如果我們每天所做的最重要工作，其實就是眞正處於當下，即使是三十分鐘也好，那該如何？如果我們所能給予世界最重要的禮物，並非任何種類的產品或禮品，而是我們所在的「當下」，那該如何？

當我們不予留意的時候，這就有如食物並不存在。我們有可能會一邊清洗盤子，一邊卻依然感到不滿足。於是我們不斷進食，直到我們吃太飽或不舒服時才停下。如果我們能夠以正念覺知進食，那麼即使是吃一口食物的體驗，也會變得豐富多樣，接著我們會因爲感到內在滿足而停止進食，而不是直到感覺「吃撐了」才停止進食。

一行禪師寫道：「有些人吃了橘子，但並沒有眞的吃下，他們所吃下的是自己的哀傷、恐懼、怒氣，他們所吃下的是自己的過去和未來。他們並非眞的處於當下、身心合一。你需要某些訓練以享受『你的食物』，它來自這整個宇宙，只是爲了給我們營養……這是個奇蹟。」

結語

吃飯時，只管吃飯。飲用時，只管飲用。正念是最好的調味料，不只是對你的食物，也是對你的整個生活。享受每一口，享受每一個時刻！

練習 6

發自內心的讚美

一天一次，找出某個你親近的人——家人、朋友或同事，給他們一個眞誠的讚美。這個人與你愈親近愈好，例如孩子或父母。（在郵局裡跟陌生人說你很喜歡他們的領巾，這不算數。）讚美愈明確愈好。「我很欣賞你接電話的樣子，非常讓人愉快。」

同時也察覺到別人給你的讚美。檢視讚美的目的，以及對受到讚美的你有何影響。

提醒自己

在你一整天都會看見的地方，貼上「讚美」或「稱讚」等詞彙。

發現

有些人報告說，他們一開始很抗拒這個任務，因爲害怕自己的讚美，不會是眞心誠意的。他們很快就發現，能夠感激的事情還眞多，這是個他們能做的練習。有些人在做這個功課時領悟到，他們具有習慣性的批評姿態，只注意問題和評論問題。做這個練習有助於突顯這個心態，並予以逆轉。

有些人則評述在給予讚美時，他們注意到，受到讚美的人經常予以阻擋。「哦，我不覺得我這次所做的餅乾有這麼好。」被讚美反而產生了易受傷害的脆弱。有些人可能是在青春期的時候，變得對讚美十分警覺，那時他們無法確定哪個讚美是眞誠的，亦或只是被設計來讓自己變成笑柄。或許他們也開始以開玩笑的方式給予讚美，或是把讚美當成玩笑而駁回，以保護自己不受到可能的窘迫。有人說，他的父母必須教導他如何接受讚美，他們的建議是「只要說『謝謝』就好，別人需要的只是這個。」

另一人則敘述，他是如何積極的去學習讚美這一門藝術，因爲他生長在一個酗酒家庭之中，在家裡唯一能得到的就是負面批評。他發現給予讚美能夠「使人高興，並將能量導至正面積極的方向」。他還發現他的孩子、配偶、員工在受到眞誠讚美時，會更奮發圖強。

在接受讚美方面，有一些文化上的差異。中國和日本的研究顯示，對讚美有百分之九十五的回應是爲了否認或轉移讚揚。在亞洲，不理會或逃避讚美是常事，否則可能會被視爲不謙虛。丈夫不會在他人面前稱讚自己的妻子，否則可能會被當成是在自誇。

「非暴力溝通」是一個高效解決衝突的途徑，它教導，像是「你非常〔形容詞〕……」之類的讚美，但這比較無法產生連結。他們建議將讚美的重心放在讓你深受感動的點上，因爲如此的讚美會提升連結和親密感。「我非常感動，你花時間爲這個聚會烤了新鮮的餅乾。謝謝你。」

這個正念練習，幫助我們更能覺知自己在和他人之間的關係中，讚美的作用與頻率。有些讚美看來是眞誠的，而有些是爲了獲取某種回報。當我們初次見到某人時，或當我們追男女朋友時，會交換較多的讚美。之後，我們似乎把那些與我們親近的人視爲理所當然，而停止表達讚揚、感激或欣賞。

深入課程

道元禪師寫過：「你應該知道，慈語生自慈心，而慈心生自悲心之種子。你應當作此思惟：慈語並非只是讚揚他人的功德，而且還具有改變國運的力量。」

佛法敘述我們在體驗與人、物、事件交流時，有三種感覺基調：正面的（快樂的感覺）、負面的（生氣的感覺）、中性的（沒有正面或負面的感覺）。當我們對某人有正面感覺時，我們更可能朝他們發射正面的感覺基調，以及讚美他們。例如，我們自然會比較喜歡讚美我們正在追求的人，或是讚美那些還沒變成頑固小孩的可愛嬰兒。

當某人被我們內化爲生活的一部份之後，我們就會忘記留意他們的行爲，我們不再想到要給他們讚美。事實上，我們可能只對負面之處作評論，批評那些我們見到並認爲需要改變的事情。雖然這並非我們的本意，但這可能會逐漸爲整個關係注入負面的感覺基調。練習積極體察別人做得好的地方並給予眞誠讚美，這可以爲一段關係增添新的溫暖、親密感和回應能力。

讚美暫時性或有條件性的個人特質，會讓我們感到有點不舒服，例如美貌。爲何如此？因爲我們直覺知道有些特質，例如肉體的美貌，是基因和當前文化規範的湊巧交合。並不是我們雕塑出自己英俊的面貌，這只是個暫時性的禮物。我們知道外貌會隨著時間改變，出現雙下巴和許多皺紋。甚至只要一年的時間，就可能會被定義成「醜陋的」。直髮曾經流行了幾年的時間，捲髮的女孩花了很多時間拉直頭髮，接著捲髮又變成時尚。我們獲得讚美的大多數東西都是暫時性的——纖細的體態、運動能力，甚至是智力，很少是我們眞正掙得的特質。這就是爲何最好的讚美來自感謝別人所帶給你的感受。

在能夠贏得讚美的暫時特質之下，是我們的眞實自性。在佛教，這稱作我們的佛性；在其他宗教，被稱作我們的神性。它是我們的本質。不是基於感覺、肉體特徵，或任何種類的比較。它不因爲受到讚美而膨脹，也不會因批評而減小。你做任何事情都無法增加它，也無法減少它。無論你曾經做過什麼壞事或好事，無論你發生過什麼事情，它都維持原樣。當你出生時，它不增加；當你死亡時，它不減少。它就是永恆，表現爲你。

結語

和言慈語是個禮物，在心中創造財富。

練習 7

讓姿勢帶有正念

一天數次，覺知你的姿勢。這有兩個層面。首先是指覺知你當下的姿勢，以及在體內的感受如何。如果你閉上雙眼，有哪些線索會告訴你，現在自己正站立著、正坐下或躺下？舉例而言，如果你正坐在椅子上，眼睛閉著，是什麼告訴你，你正在一個坐著的身體內？你在何處感受到壓力或移動？

覺知姿勢也表示一天數次注意你的姿勢，並調整你的姿勢。如果你正彎腰駝背，就和緩地挺直。

做正念姿勢有一個很好的時間，就是用餐時。坐在椅子的前緣，雙腳放在地板上，膝蓋略微打開，挺直脊椎以使呼吸空間最大化。

其他覺知姿勢的有趣時間包括排隊、開車、躺在床上、開會或上課時，以及走路的時候。

提醒自己

請你的家人或朋友幫忙，告訴他們，如果你的姿勢鬆垮，就請他們提醒你。並且在鏡子與窗戶倒影中觀看你自己的姿勢。在你經過時，站定在原地，看看自己的側面姿勢是否需要調整？

在你用餐的椅子或桌子上，貼上一小截彩色膠帶，或是放上一張寫著「姿勢」的小紙條。

發現

人們經常訝異的發現自己姿勢不良。他們的姿勢從前面看來還行，但是當他們看到側面的倒影時，會非常震驚地發現自己肩膀是塌陷的。我們會因應不同的場合，調整自己的姿勢。在面試工作或聽一場有趣演講時，我們會坐直；看電視時，我們會癱在沙發上。很容易就能辨認出那些曾受過特定職業訓練的人，例如軍人、舞蹈家或王室成員，他們擁有顯眼的筆直姿勢。爲何姿勢對這些人很重要？西班牙有句諺語說：「即使神父穿著泳衣，你還是可以認出他來。」意思是篤信宗教的人，單是因爲他的外在舉止，就可被辨別出，因爲這反映出內在姿勢的協調一致。

禪修時，我們非常注重姿勢，不只是在禪修大殿，在就座用餐時也是，甚至走路時也一樣。走路時，我們會將雙手交疊於腰間，保持天主教修女所謂的「監護之手」（custody of hands）。當我們在走廊彼此經過時，我們會停下，合掌，鞠躬。在我們獲得當日工作任務分配時，我們鞠躬，感謝有一個能夠工作的身體。一日四次誦課時，我們完全拜倒在地板上，以謙卑的姿勢，頭碰地，放下我們迷戀自我之心和防衛之心，從地板上舉起雙掌，象徵我們尋求升起智慧、慈悲的圓滿潛能。在某些日子，我們會做一百多次這樣的大禮拜。人們為過去惡行修行拜懺時，可能每天再多做一百零八個附加的大禮拜。曾經有一位禪師做很多的大禮拜，做到他的額頭長繭。他說自己是個頑冥不靈的人，需要修行謙卑。

日本人每天鞠躬很多、很多次。通常那裡的老人會駝背，無法直起身來，但是他們不以為意，說這幫助他們保持向生命低頭，並且感激生命所帶來的一切。

深入課程

佛教僧人和導師阿姜查曾說：「智慧來自一切姿勢皆具正念。你的修行應當從你早晨醒來時開始，持續到你入睡爲止。重要的是保持觀察，不論是你工作時、坐下時，或去浴室時。」

姿勢和禪定相關。通常昏沉（禪修時或在任何其他時候都一樣）是提醒你姿勢鬆垮而呼吸無法完全充滿肺部。在這些時候，安靜的調整，從脊椎底端向上捲伸，延長脊椎，使得呼吸空間最大化，然後做幾個深呼吸。目標是創造出最大的空間，令呼吸暢通無阻。姿勢和心情也互相關連。當你注意到自己心情不佳時，試著改變姿勢。

「正直」（upright）一字可指姿勢，但也可以用來描述我們生活的方式。「正直」含有生活誠實、具有品德、穩定的意思。無論生命帶給我們什麼，我們都不會受到打擊而離開自己的根基。我們的生命在各方各面都是一致的。佛陀經常被稱作聖者，並非因爲他生爲王子，而是因爲他精進修行禪定和正念，成爲一位生活與內在實相完全一致的人。透過修行，我們也能將此實相貫注於自身，讓其啓發、支持、引導我們的人生。

當我們關注呼吸時，我們會發現自己內俱的平等性。當我們讓心裡攪動不已的念頭平息時，我們會發現自己的本具智慧。當我們放鬆、敞開自心時，我們固有的仁慈會現起。當我們長時間修行，能夠在任何時刻都進入這些特質時，我們就會具有信心，正直並且屹立不搖地度過人生。

結語

身心並非爲二，它們息息相關，相互依存。心或心情低落時，試著調整身體的姿勢。

練習 8

一日終了時的感恩

在一天結束時，寫下一分清單，列出至少五項當天所發生的、你感到感恩的事情。在一週終了時，大聲讀給一個朋友、伴侶、或正念同修聽。

提醒自己

在你床邊或枕頭上，放置一本筆記簿和一支鉛筆。在你夜晚上床，躺下睡著之前，寫下你的列表。

發現

一開始做這個練習時，人們經常以爲會很難列出至少五項自己會感激的事。然而，當他們開始後驚訝的發現，清單往往變得更長，有如一個長久受到忽視的水龍頭，一被打開，水流就停止不了。在一天當中，你也許會發現自己在心裡記下「要加在清單上的事情」，這在持續感恩的心境上激勵出一種美妙的轉變。

桑亞·柳博米爾斯基（Sonja Lyubomirsky）的研究顯示，百分之四十的快樂，取決於我們有意識的活動。保有一份「感恩日誌」，或經常向曾經善待自己的人表達感激之情，這類人們會顯現出大幅增長的快樂，並且減少憂鬱。

我們也許認識天生就充滿感恩之情的人，在他們身邊會令我們精神一振，使得日子更爲光明燦爛。佛陀講過修心，讓不善的情緒和念頭消褪，同時強化善的情緒和念頭。這怎麼可能？這是充滿能量的現象。萬事萬物，只要注以能量，就會成長。也許一開始看來有些造作，但當我們蓄意培養感激之情時，我們就會逐漸變成懂得自然感恩的人。（相反的，若我們培養負面心態、嫉妒或批評，我們就會逐漸變成那樣的人。）

深入課程

我們的心似乎深受負面性的吸引，它打撈出艱苦的回憶，一再咀嚼，不斷試圖改變結果。「如果我這麼做，他就不會……」過去已經過去。我們無法改變其結果，除了改變我們自己以外，而這只能在當下做到。心會構思未來可能發生的可怕事情。「萬一經濟崩塌，沒有足夠的食物，有人持槍到家門口怎麼辦？」心自認爲是在做份內的工作，保護我們離開危險，但其實是把我們弄得更恐懼緊張。

心說：「何必關心已經發生或將要發生的正面事情？正面之事不會對你造成傷害。我的工作是考慮所有可能的不良後果。」新聞媒體深諳此點。這就是爲何大多數新聞報導都具有負面的內容：「小心這個新威脅！」「這可怕事件現在正在發生，或隨時可能發生！」現代心靈想要讀到的就是這類新聞，並令我們購買、閱讀或聆聽這些。然而，這種對負面的沉迷可能滲透一切，造成焦慮抑鬱的心態。我們所期待的，也就是痛苦，又成爲我們實際得到的，這是個自己造就出來的悲哀預示。

練習在一日終了時做正念感激，是對治這販賣災難心理習性的特效藥。這個練習幫助我們顯露出一天中有很多正面、且具支持性的事情，令心續轉向正面。在一天結束時練習感恩的人，經常會發現自己在面對生活裡的幾乎所有事情中，都能見到光明面。

結語

將不快樂的心轉向發現「至少一件」值得感激的事。

練習 9

開啓你的聽覺

一天數次，停下一切，只是聆聽。三百六十度的打開你的聽覺，有如你的耳朵是個巨大雷達盤般。聆聽明顯的聲音，以及細微的聲音——在你的身體、在房間、在建築物之內，以及外面。聽的時候，就好像你剛從外星降落，不知道弄出這些聲音的是什麼。看你是否能視這所有的聲音如同專門爲你播放的音樂。

提醒自己

在你家中和工作地點的各個地方，貼上一個簡單的耳朵圖像。

發現

我們持續籠罩在聲音之中，甚至是在我們可能稱作安靜之處也有聲音，例如圖書館裡或森林裡。我們的耳朵接收這所有的聲音，但其中大部份卻被我們的大腦阻擋在外，以便我們能專注於重要的聲音上——交談、講課、廣播節目、飛機引擎，以及嬰兒是不是在哭？

研究指出，嬰兒能夠聽見成人所不能聽見的聲音。他們的聽力非常敏銳，能夠察覺大多數聲音產生之後的微弱回音。我們在生命早期就學會隔絕這些讓人迷惑的聲音。有趣的是，非洲的布希曼人（Bushmen）保留下這個能力，這可能是因爲他們居住在非常安靜的沙漠環境中。嬰兒還認得出在出生前所聽到的音樂和聲音的旋律音色。

當我們開始仔細聆聽時，一個新世界隨之展開，之前的惱人聲音變得有趣。若我們把它當作某種外星音樂來聽，甚至會變得好笑。背景噪音移到前面。我們發現自己吃東西時，口中有很多聲響，特別是吃脆硬的東西時。鄰居的吹葉機變成諸多聲音持續交響樂的一部份，而輕型的鑿岩機是打擊樂。冰箱的嗡嗚聲則像是許多細緻的高低音所交織而成。

深入課程

聆聽練習是讓心靜下來的有效方式。當我們變得對聲音產生興趣時，我們會想要更專心的聆聽。爲了一心一意的聆聽，我們必須要求內心的聲音暫時安靜下來。我們必須要求心不去命名（「是某某人的老卡車」）或是談論聲音（「他需要一個新的消音器」），而只是保持警覺並聆聽，有如我們是第一次聽到各個聲音。事實上，我們正是。每一個聲音都正是如此，是嶄新的。

聆聽是個極佳的方法，讓你能從焦慮之心的無止盡思索中掙脫。一旦你發現自心在其自製的寵物鼠小跑輪內旋轉蹬踏時，就停下，聆聽房內的音樂。當你一整天都耗在電腦上而疲憊不堪時，走出去，向黑暗敞開你的覺知，聆聽夜晚的音樂。

有一個關於聲音的著名公案。公案是一個問題，幫助打開心靈，以進入對更深奧實相的直接體悟。尊貴的日本禪宗大師白隱指派這個公案給他的學生，「一隻手有什麼聲音？」如今這被輕忽了（並且錯誤轉述爲「一隻手鼓掌的聲音是什麼？」）。但若完全認眞對待這個公案，就能開啓心靈進入深奧的聆聽。

將這個公案還原回其精髓，「是什麼聲音？」或僅只是「聲音？」在你的心已經遊離至無止盡糾結扭曲的迴廊中時，藉由這個問題將心帶回當下。

結語

即使是在寂靜之中，也有聲音。爲了聽到如此細微之聲，心必須非常安靜。

練習
10

鈴聲一響就放下一切

每當你聽見電話鈴響、奏樂或嗡鳴時，停下手邊正在做的事，做三個具有正念的呼吸，在應答之前，使心安定下來。（如果你是櫃檯接待員，你或許需要減少爲一次或兩次的呼吸。重點是暫停，在回應響鈴之前，至少做一個深長、淨化的呼吸。）

如果你一天接獲的電話很少，就設一個鬧鈴，一天響幾次，用一個長但特別的間隔時間，例如每五十三分鐘。在鬧鈴響起時，停下一切，做呼吸。

提醒自己

在電話上、一個你每次接電話時都會注意到的地方，貼上一張彩色貼紙或寫著「呼吸」的小紙條。

我們是在越南禪僧一行禪師的一大群學生來我們寺廟閉關時，受到啓發而嘗試這個練習。他們具有奉持正念鈴聲的強大修行方法，鈴聲在一天當中不定期的響起。只要鈴一響，一陣沉寂就掃過房間。無論人們正在做什麼——授課、交談、洗碗、打飯，每個人都會停止說話和停止移動，數三次呼吸。

每次鈴聲一響，人們活動的所有嗡鳴聲就停止。你可以感受到室內能量平靜下來，重組成一個更爲穩定與當下之處。有人注意到，「我見到有兩個人在正念鈴聲響起時，正在做一個激烈的討論。他們在句子的一半停下，他們的面容明顯變得柔和，接著他們相互微笑。」

大多數人在電話鈴聲響起時，都會自動伸手接電話，盡可能的迅速應答。一開始很難中斷這個習慣，很難停下並做呼吸。在電話鈴響時做幾個具有正念的呼吸，培養這個新習慣不但切實可行，並且有用，特別是若你的工作需要你跟不是那麼容易溝通的人對話——那些人肩負心理或情感上的巨大痛苦，並且想要轉移其中一部份痛苦到你身上。這個新習慣，可以幫助你以清明的心靈和開闊的心胸面對每一位客戶、顧客或病人。

一位櫃檯接待員說：「我正在學習等到第三聲電話鈴響之後再接電話。這是停下我正在思索或正在做的事情，並且整理好自己的機會。我練習空出自心，使得自己能夠全神貫注於打電話過來的人。」

一位急診室護士說：「我習慣快速不斷的工作。起初我很厭惡正念鈴。那時我正在溫室除草，我不喜歡停下自己的工作，即使只是短暫地停下。但是這讓我注意到了菜梗的深紅色，透過它們莖幹所輝耀出的光芒，非常美麗。」

他原本會錯失的美，是我們都會錯失的，在我們陷入自心繁忙的時候，只有部份的我們是處於當下，我們的眼睛在看，但並沒有眞正的看見。

深入課程

這是個很有力量的功課，因爲同時引發身體的驟然靜止與心靈的驟然靜止。當我們活動時，我們通常在思考。當身體停止時，顯露出持續性思惟的細微層面。見到這持續性思惟能幫助我們放下它，向內心更深層次的寂靜敞開。一位年青人注意到這個功課有雙重利益：停止活動與停止說話，這幫助他放下心理的緊張；享受三個正念呼吸則幫助他釋放身體的緊張。

一位女士說，這功課起初令她感到焦慮，但她很快就明白，焦慮與她是否做好這個練習無關，而是個潛伏的、一直存在的微弱焦慮，是一個與正在發生的一切都無關的焦慮。於是她開始使用三個正念呼吸的空檔，吐出具有慈心的語句：「願我獲得安樂」，這幫助她斷除焦慮。

我們生命中的極大部份，就是如此在無意識和匆忙之中度過。我們急急忙忙趕去哪裡？取代完全生活在當下的是，我們一直不斷向前移動，捕捉下一分鐘、下一小時、下一天。我們有如拖著一袋垃圾般，硬拉著自己的心理狀況，從一個會面到另一個會面。如果我們剛掛掉一通難以應付的電話，我們很可能會脾氣暴躁地對待下一個打電話進來的倒楣鬼。為了能以清新的心態接聽每一個電話，去除不耐煩、焦躁、惱怒等籠罩的情緒，我們需要讓事情慢下來。我們聽見鈴聲，我們停下，做一至三個呼吸，我們放下佔據身心靈的一切，接著我們就能以開闊清明的心態，迎向下一位打電話進來的人和新的狀況。

我們開始是用鈴聲或鐘聲作爲訓練的提醒物，最終習慣會擴散，遍及我們生活的其他部份。這成爲一個新的生活方式，我們能夠放下內心的東西，神清氣爽地來到一天中的每一次交會。這是個極爲有用的技巧，是大多數人所欠缺的。這能夠讓我們有害的舊習慣枯萎凋零，同時培養出健康的新習慣。

結語

對成年人而言，電話鈴響時做三個呼吸就像是一段休息時間，是一個讓人重振精神的暫停時間。

練習

11

讓碰觸充滿愛意

使用關愛的手和愛的碰觸，即使是對沒有生命的東西亦然。

提醒自己

在你慣用手的手指上，放一個不尋常的東西，可能是一個不同的戒指、ＯＫ繃、某個指甲上的一小點指甲油，或彩筆繪製的一個小記號。每當你注意到這個記號時，記得使用關愛的手，愛的碰觸。

發現

當我們做這個練習時，很快就能夠開始察覺到自己或他人「沒有」用關愛的手。我們注意到食品和雜貨被扔進購物車裡的方式，行李被猛擲在機場的輸送帶上，餐具被丟到櫃子裡。我們聽見金屬碗盤被草率堆疊時的鏗鏘作響，以及門在我們趕時間時被砰然關上。

對於在我們寺廟花園裡除草的人而言，有一個特別的難題。當我們正要把一棵活生生的植物從地裡連根拔起時，要怎麼練習關愛之手？我們能不能對它保持感情，把它放入堆肥內，祈願它的生命（與我們的生命都）能夠利益他眾？

當我身爲一位醫學系學生時，我曾和數位外科醫生一起工作過，他們以「外科的暴躁脾氣」聞名。若是手術有任何困難產生，他們的行爲舉止會變得有如兩歲兒童，亂丟昂貴的手術器具，並且咒罵護士。我注意到有一位外科醫生與眾不同，他在壓力之下依然保持平靜，更重要的是，他處理每一位不省人事病患身體組織的方式，就有如是對待很珍貴的東西一般。我決定，假如有一天我需要動手術，我會堅持由他來動刀。

隨著我們做這個練習，對愛之碰觸的正念擴散，不只是我們接觸東西的覺知，我們如何被觸及的覺知亦包含在內。這不只包括我們是如何被人手所碰觸，也包括我們如何接收到自己衣物、風、口中飲食、腳下地板和很多其他東西的碰觸。

我們知道如何使用關愛的手做碰觸，我們溫柔關愛地觸摸嬰兒、忠心耿耿的狗、哭泣的兒童、愛人。爲什麼我們不持續採取愛的碰觸？這是對正念的根本問題。爲何我不能持續如此生活？一旦我們發現，當我們更處於當下時，生命會變得多麼豐富，我們爲何要再度落入舊習而恍神度日呢？

深入課程

我們無時無刻都受到碰觸，但我們大部份都毫無察覺。唯獨有不舒服的接觸狀況（涼鞋裡的石子）或與強烈欲望有關的時候（與她或他的初吻），觸碰才會進入我們的覺知範圍裡面。當我們開始向自己身體內外的所有觸覺敞開覺知時，我們也許會感到害怕，懼怕這可能會排山倒海的令人難以承受。

通常我們對於人，比對於物品具有更多關愛觸碰的覺知，但當我們在趕時間或是對某人不高興時，我們就把這人變成了無生命的物體。我們沒有對摯愛之人說聲再見就衝出家門；我們無視同事的問候，只因爲前一天所起的爭執。其他人就是如此被物化的——是一個麻煩、一個障礙，最後成了一個敵人。

在日本，物品經常被看作是人，很多東西都受到尊重與關愛照料，那些東西被我們視爲無生命而不值得尊敬，就更不用說去愛它們了。用雙手拿錢給收銀員；爲各個茶筅取名字；爲斷掉的縫紉針舉行葬禮，讓它在一塊軟豆腐中安息；敬語「御」被加在世俗之物上面，例如錢（御金，おかね，音歐咖內）、水（御水，おみず，音歐米茲）、茶（御茶，おちゃ，音歐家），甚至筷子（御箸，おはし，音歐哈西）也是。這也許是來自神道教的傳統，他們禮敬居住在瀑布、大樹、山間的神靈。如果水、木、石都可以被視爲神聖的，那麼從其產生的東西自然也是神聖的。

我的禪宗老師曾經以身作則的教導我，對待一切東西，都要將它們視爲有生命的物體。前角博雄禪師（Maezumi Roshi）打開信封時，即使是垃圾郵件，他也會用拆信刀，以便整整齊齊的打開，並且小心翼翼地取出內容物。要是有人在地板上用腳把禪修座墊拽來拽去，或是砰的一聲把盤子扔在桌上，他會感到不悅。他有一次說：「我可以在身體裡感受到。」雖然現在大多數的僧人都使用衣架，但原田禪師（Harada Roshi）還是會每天晚上花時間摺疊自己的僧袍，並「壓」在他的床墊下或行李箱下，所以每天他的僧袍都是乾淨新挺。有些數百年歷史的僧袍是由他所照料，他對待每一件僧袍都像是佛陀的法衣一樣。

我們能夠想像開悟者的觸碰覺知嗎？他們所覺知的境界，會有多麼敏銳遼闊？一個病婦在摸到耶穌衣角而獲得痊癒時，耶穌馬上就知道了。

結語

「你在處理米、水或任何其他東西的時候，都要像父母撫育孩子一般，充滿感情的愛護和照料。」——道元禪師

練習

12

善用等待的時間

無論何時，只要你發現自己在等待——在商店裡排隊，等一個遲到的人，或是等電腦螢幕上的「請稍待」圖示結束——把這做爲練習正念、禪修或祈禱的機會。

在等待期間，有幾個很好的正念練習可以做。一個是正念呼吸，開始時做幾個深呼吸，幫助驅除因爲必須等待遲到的人，或因爲你在等的人可能會遲到，而帶來的身體緊張。找一個你體內最能察覺到呼吸的地方——鼻孔、胸腔或腹部，集中注意力在那個部位的感覺，注意它們的不斷變化。

另一個在等待期間，可做的有用練習是聆聽聲音。打開你的聽覺，擴展聽覺，接收整個房間的聲音。其他很好的練習包括對身體的慈愛（練習51），並且在呼氣時放鬆。每次你吐氣時，注意體內是否有多餘的緊繃或緊張，例如在眼睛或嘴巴周圍，在肩膀或腹部，並讓它柔軟。

當你注意到自己，因爲必須「等待」而變得惱火時，提醒自己：「這棒極了！我有出乎意料之外的時間可用來修行正念。」

提醒自己

在你看時間的設備上，貼上寫著「等」（代表「等待練習」）的小字條或膠帶，例如在你的手錶上、車內的時鐘或手機上。也在你的電腦螢幕或滑鼠上放一個「等」字。

發現

我在自己初學禪修時，發現了這個練習。那時我一週工作七十二個小時，在一家忙碌的縣醫院當實習醫生，幾乎連上廁所的時間都沒有。那時有兩位禪師來醫院看我，我急急忙忙地衝進等待室，咕噥著抱歉讓他們等了一會兒。「沒關係，」其中一位說，「正好給我們一些額外的時間坐坐。」（「坐」是禪宗對禪坐的俚語。）哦，一點都沒錯！

這個練習回答了以下問題：「我這個人非常忙碌，我到底什麼時候才找得出時間修行正念？」我們不需要一次投入一大段時間修習正念（雖然那肯定沒什麼壞處。）練習處於當下的機會，一整天都有。

當我們被迫等待時，例如在交通阻塞中，我們的直覺是找些事情做，使自己的注意力從等待的不安中轉移。我們打開收音機、打電話或發簡訊給某人，或者就只是怒氣衝衝地坐著。在等待的時候修習正念，能夠幫助人在一天之中找出很多的須臾片刻，顯露出隱藏在錯綜複雜生活之內的一絲覺知。等待，是一個通常會產生負面情緒的常見事件，卻能被轉化成一個禮物，有空閒時間修行的禮物。這時，心獲得了雙重利益：首先，斷除了負面心理狀態；其次，在一日之中，獲得多幾分鐘修行的利益。

最初教導我「等待練習」的老師是我那極富耐心的父親。週日上午，他會穿西裝、打領帶，然後坐在車裡閱讀週日報紙。在此同時，他的妻子和三個女兒會一個接一個的上車，然後又跑下車，來來回回的去拿手套、書籍、口紅、沒有洞的襪子、髮夾、主日學課本等等。

只有在跑來跑去和關門聲停止之後，他才會抬頭看看，平靜地折疊好報紙，然後發動引擎。

深入課程

當你做這個練習時，對必須等待的不耐煩、對買單隊伍前面「那個白癡」的怒氣……等，這些迎面而來的負面念頭和情緒，你會學到及早認出隨其而起的身體變化。每一次我們能夠停止一個負面的心理狀態，不讓它結果（例如對交通狀況發火，或是對動作緩慢的收銀員生氣），我們就是在消滅一個心靈惡習。如果不讓我們的心靈大車持續隨著同一條車輪印痕衝下同一座山丘、進入同一個沼澤，最終車輪印痕會被塡滿，我們對於等待這類事情的習慣性惱怒和挫敗狀態最終將會消失。這需要時間，但眞的有效，並且是值得的，因爲我們身邊的每一個人都會受益。

我們很多人都以生產力來衡量自我價值。如果我今天沒有生產任何東西，如果我沒有寫一本書、做一個演講、烤麵包、賺錢、賣東西、買東西、考試獲得好成績或是尋獲我的心靈伴侶，那麼我就是浪費了一天，我就是個失敗者。我們對於花時間只是「存在」、只是處於當下，不認爲有多少價值。於是「等待」成爲挫折的來源，試想原本我可以做多少的事情！

然而，如果你問自己所關心的人，他們最喜歡你給予他們什麼，他們的回答可能是諸如此類的：「與你相處」或「你的關愛」。處於當下，並沒有什麼產品可供衡量，除了正面感情、支持性感情、親密性、快樂。當我們停止處在忙碌和具生產力的狀態，轉變成只是靜止和覺知的存在，這時，我們自己也會感到獲得支持、親密性、快樂，甚至沒有別人在身旁的時候也一樣。這些正面情感，是大家非常想要擁有的「產品」，但卻是買不到的。它們是當下的自然產物，它們是我們已經擁有的、與生俱來的權利，卻被我們給遺忘了。

結語

當你必須等待的時候，不要感到懊惱。應該歡喜自己能有額外的時間修行，處於當下。

練習13

不接觸媒體資訊

爲期一週的時間，不接觸或收看任何的媒體，包括新聞媒體、社交媒體、娛樂。不聽收音機、iPod或CD，不看電視、電影、影片，不讀報紙、書或雜誌（不管是網上的或印製的），不上網四處瀏覽，不查看Facebook和Twitter等社交網站。

如果有人告訴你一條新聞，你不必把耳朵拔出來，但是必須避免被扯進有關這條新聞的談話。如果有人堅持，就告訴他們你在進行一個特殊的齋戒。當然，你可以做工作上或學業上所必需的閱讀。

取而代之的是做什麼？這正念修行的一部份，是要發掘媒體娛樂以外的其他選擇。

提示：用你自己的手和你自己的身體做些事情。

提醒自己

用床單把電視罩起來，或是在你的汽車音響和電腦螢幕上放一個記號，提醒你「本週零新聞或零娛樂」。讓雜誌堆積，考慮把你訂閱的報紙直接扔進回收垃圾筒。你去度假時，就會這麼做，所以爲何現在不行？

發現

這項功課是我爲某位學生所發明的，他有一個非常普遍的問題——慢性的輕度焦慮。在一次六日禁語閉關結束的時候，他跟我分享，他對於自己平靜心態的快樂。然而一個小時之後，在午餐時，我卻聽見他一如既往的對世界所處情境感到怒氣衝天。他在紐約市長大，自己承認是個「新聞癮君子」，非常不情願的做了一次媒體齋戒。

他發現他的心理狀態在起床時很好，在做清晨禪修時也很好。但是當禪修結束之後，他的習慣是馬上拿起一杯咖啡，打開晨間新聞，「以便我能看看，現在那些混蛋，把事情搞成什麼鬼樣。」在媒體齋戒期間，他驚訝地發現，就算自己沒有跟上最新的新聞，其實也無所謂，無論是在家或是在工作場合都一樣。他反而體驗到遠比平常更爲平靜的心理狀態，就像他富有耐心的妻子一般。

在「齋戒」期間有一個難處，就是找一個替代活動，取代通常花在媒體上時間。為此，你可以禪修、散步、和家人玩遊戲、從無到有的烹調食物、為花園除草、攝影、搞搞藝術、學一門新語言或彈奏樂器，或只是坐在門廊放鬆。

你也許會發現，不知道最新的新聞令你覺得失去力量、懶散或愚笨。人們問我：「萬一有什麼重要事情發生，像是火災或是恐怖分子炸彈襲擊，那怎麼辦？」我說：「別擔心。若眞有那麼重要，會有人來告訴你的。」

深入課程

在人類歷史起始的二十萬年期間，我們只揭露那些在我們部落或村裡、直接與自己切身相關的新聞（並因而受苦），我們曾見過生、病、死、戰爭，但規模有限。只有在過去大約四十年間，新聞媒體才把整個世界的痛苦——戰爭、自然災害、虐待、饑荒——日復一日，大量的澆灌入我們的眼耳之中。我們無法改變這些苦難，於是，它們累積在我們的心靈中，進而使我們遭受折磨。一旦心靈無法容納這些暴力、破壞、痛苦的影像時，我們就必須花時間清空自己。

媒體齋戒是其中一個方式。（禁語禪修閉關甚至更好。）

治療身心受創者的人，經常會遭受稱作「間接受創」的痛苦。他們也受到精神創傷的影響，即使他們只是聽聞而非親身經歷。自從發明了電視和夜間新聞之後，一定程度上來說，我們全都受到間接受創之苦，這是經由螢幕源源不斷流進我們心中的生動畫面所造成的——謀殺、種族屠殺、地震、致命傳染病等影像。這持續不斷的疲勞轟炸，造成了慢性焦慮，令我們悶悶不樂。世界有所缺失，數百萬無辜人民在受苦，而我們能做的改變卻很有限。

如果我們能夠減少對這些有毒影像的攝取，就更容易建立開闊的心胸和平靜清明的心靈。如果我們想要投入受苦受難的世間，形成實際的改變，這是我們所能夠擁有的最佳基礎。

結語

對於負面新聞的穩定攝食，會令心靈生病。給予心靈安靜、美、關愛友誼的良藥。

練習 14

以關愛的目光看世界

這一週，致力於用關愛之眼觀看人、事、物。注意在你的眼睛、臉、身體、心靈、可見之處有何變化，並且在你記得以關愛之眼作觀看時，集中注意力。

提醒自己

找出一些眼睛的圖案，也許是瞳孔是愛心形狀的眼睛，或是創造出眼睛的圖案，將這些貼放在房子四處的各個地方，例如浴室鏡子上、冰箱上，或你前門的背面。

發現

當我們談戀愛時，當我們看見一個新生嬰兒，或一隻可愛動物時，我們知道如何使用關

愛之眼去看待他們。我們爲何不更常帶有愛意地觀看事物？

做這個練習的時候，我們會發現，自己平常觀看事物的方式並不具有愛意，倘若不是中性的，就是有點負面或挑剔的。我們走進一個房間時，第一個注意到的往往是地毯需要用吸塵器吸一吸了。或是我們早晨跟家人打招呼時，並不會站住，用關愛之眼看看對方，而是從身旁掠過，避免對視，還說些像是「你臉上有一點牙膏」或是「你今天眞的要穿成這樣？」之類的話語。

我們也許彼此相愛，但我們忘記以自己的眼睛表達。人們經常在以電話或電郵等間接方式作溝通時，感到更爲自在，並且令人費解的，會感到更爲親密。我曾聽一個青少年說，如果他有件難以啓齒的事要告訴女朋友，他會寧願發簡訊給她，等她用簡訊回覆，而不願親自告訴她。他說：「有時候很難面對面去談。」親密感是我們想要的，但它也同時令我們感到不自在。（這是不是就是爲何我們在禪修時，心總是經常的遠離當下這一刻？是否在當下這一刻有太多的存在？）

當人們試圖以關愛之眼觀看世界時，他們說，自己看待物品和別人的方式有所改變。他們的焦點往往變得更清楚，他們注意到微小的細節，就像是用一個放大鏡在看。有些人的發現則相反，他們的視覺變得更爲柔軟，或有點模糊。視線所及的範圍可能改變，變得更狹小或是更寬廣。使用關愛之眼似乎會柔化整個臉部，並爲唇間帶來一縷微笑，心胸變得開闊，而且批判性思緒消融不見了。

深入課程

我們使用的各種「眼」有很多，從氣憤之眼、批評之眼、一般之眼、私密之眼、慈眼，到關愛之眼。我們選擇使用的眼神會爲我們對世界的感知上色，從敵對的變成友善的。被我們觀看的眾生對於我們使用哪種眼神很敏感，我們選擇什麼眼，會對我們自己的快樂，和那些被觀看對象的快樂有所影響。要了解我們自己，就必須了解我們在看的時候是用哪種眼，並且必需能夠善巧使用這些眼。

佛教教法裡講述了五種眼。第一種是人眼（肉眼），這個「眼」給予我們影像，我們堅視爲完整、眞實的，即使我們能感知的可見光，只不過是電磁光譜中很狹小的一部份。昆蟲和其他動物所感知的光學現象和自然界影象是我們所無法感知的。

第二「眼」是天眼，有如從天堂般向下俯視，看見人類處在變化萬千的世界中。我們有時能用這第二種眼觀看，例如在我們禪修時，或是用望遠鏡觀看的時候，那時我們能窺見自己在宇宙中的眞實地位，是在無限時間和變遷中的一個微小短暫的火花。

第三「眼」稱作慧眼。如果我們能夠看見構成「自己」的微小粒子，那麼就能夠視自己爲處於無始亦無終的虛空當中，一個迅速飛過的能量點，周遭是其他暫時性的能量聚合。當我們能夠在禪修中安住，然後向內觀看，是否有一個所謂「自我」的直接證據，我們所能找到的不過是零零星星的感覺——溫暖和涼爽、壓力、移動（移動其實是一組看似順序發生的感覺），加上在心中稱作「念頭」的感覺，以及身體裡稱作「情緒」的感覺。當念頭停止時，即使是短暫的，把這些感受糾聚在一起的「黏膠」消失了，我們就能看見自我的實際面貌，其實是在虛空中漂浮的一大團感受。

第四「眼」稱作法眼，能一一看見所有顯相，每一個顯現都是獨一無二的，都是珍貴的，生自空性，存在一陣子，接著再度消失。能從這眼作觀看的人，被稱作聖者或菩薩——

菩薩是對那些不必要如此受苦的眾生生起悲心而欲幫助眾生者。

第五「眼」是佛眼，結合所有其他眼之觀見，發展至最高境界，遠遠超越我們的想像。

我們在修習關愛之眼的時候，得以藉第四眼——菩薩之眼略微窺見。以關愛眼神視物，不是一個單向的經驗，也不僅只是個視覺體驗。當我們以關愛之眼接觸某物時，我們從自己這邊帶來某種溫暖，但我們也可能會驚喜地感受到，所觀對象反過來也回饋給我們溫暖。我們會開始好奇，是否世間一切都是由愛所形成？我是否一直在阻擋這些愛？

結語

關愛之眼能創造出一個關愛的宇宙。

練習 15

秘密善行

一週的每一天都秘密的日行一善，或秘密地做一件仁慈的事情。爲他人做一件美好或滿足其需求的事，但是匿名的做。這些事可以非常簡單，像是清洗別人留在水槽裡的碗盤，撿起人行道上的垃圾，清洗浴室的洗臉盆（若這不是你的工作），匿名捐款，或是在同事的桌上放一顆巧克力。

提醒自己

在你的床頭櫃上放一本筆記本，每天晚上用它計劃隔日的秘密善行。你也可以在你家中或辦公室的策略位置放上小精靈的小圖片，做爲提醒。

計劃並實行替別人做秘密善事，是出乎意料的好玩。一旦你開始認眞做這個功課，你就會開始四處尋找新點子，於是可行的點子開始倍增。「哦，明天我可以準備一杯熱茶，放在她的書桌上，或是我可以清洗他放在門廊上的慢跑鞋泥漬。」就像是個稱爲「秘善」的超級英雄，在深夜裡偷偷做一些善事。試著不被發現，這會讓人感到興奮，另外也有像有些人所承認的，沒有被發現，或沒有獲得答謝，則會讓人感到有點失落。更有意思的是，在別人因爲我們匿名贈與的禮物而受到感謝時，保持沉默。

所有的宗教都崇尚慷慨布施。《聖經》說：「施比受有福。」伊斯蘭教有兩種形式的慈善捐助：照顧窮人、孤兒的義務性捐助，以及捐款或獎學金等的自願性捐助。義務性捐助能淨化一個人其餘部份的收入，被視爲祈禱或禮拜的一種形式。秘密的自願性布施，據說比公開捐助多上七十倍的功德。

我最喜愛的其中一項練習就是被我稱作「慈心駛過」（drive-by metta）的練習。（metta是巴利文，意思是慈愛，或是無條件的友善，也指培養這些功德的一種禪修。）在我開車上班時，對我在路上經過的每一個人——行人、騎腳踏車的人，特別是那些匆忙趕路的粗魯駕駛——我會在呼氣時悄聲說：「願你遠離焦慮。願你獲得安適自在。」我不知道這個秘密練習是否有幫到他們，但這對我絕對有幫助。只要是我做慈心駛過的那一天，總是過得比較順利。

深入課程

我們的性格，是由許多策略堆疊而成，這些策略是爲了得到他人的喜愛與關照，讓我們獲得自己想要的，使我們保持安全。我們喜好獲得表揚認可，因爲這象徵了愛、成功、平安。這個功課幫助我們看見，如果永遠不會獲得回報，自己還有多少意願會願意努力助人行善。禪宗修行強調「率然直行」——基於我所明白的善行，率直地引導我們的生活前行，無畏讚賞或批評。

有一次，一名和尚請教中國的慧海禪師：「修禪之門（意思包括入口和支柱）爲何？」慧海回答：「完全的布施。」❶

佛陀曾說：「如果人們像我一樣知道分享禮物的果報，他們就不會不作分享就享用，心也就不會受到吝嗇染污的迷妄。即使是他們的最後一口食物，只要有人能分享，他們也不會不與別人分享，就自己食用。」

佛陀不斷講述布施的重要性，說它是獲得證悟的最有效法門。他建議布施簡樸的禮物、供飲用的淨水、食物、住處、衣物、交通、光、花。他說，甚至是窮人也能慷慨布施，他們能夠布施自己的一小塊食物給螞蟻。每一次我們布施出一些東西，無論是實質物品，或是我們的時間（是「我們的」嗎？），我們就是捨棄了一點點被小心聚起、並狂熱維護的暫時性聚合，亦即所謂的「我」和「我的」。

結語

布施是至上的善德，而匿名布施，是最崇高的布施方式。

❶慧海禪師，即大珠慧海禪師，公案出自《頓悟入道要門錄》：「此門從何而入？答：從檀波羅蜜入。問：佛說六波羅蜜是菩薩行，何故獨說檀波羅蜜、云何具足而得入也？答：迷人不解五度皆因檀度生，但修檀度，即六度悉皆具足。問：何因緣故名為檀度？答：檀者，名為布施。」

練習

16

僅僅是三個呼吸

在一天當中，盡可能多次的，讓心休息片刻。用三個呼吸的時間，要求內心的聲音靜默。就像是關掉內心的收音機或電視機幾分鐘的時間，接著打開你所有的感覺，單純地覺知顏色、聲音、觸覺和味道。

提醒自己

在你的周圍環境放上寫著「三」的字條。你可以加上一幅圖畫，畫一個頭上有空白思緒氣球的人。或在一天當中將鬧鐘或手機設爲不定期作響，可能也會有幫助。

發現

當一個人開始禪修或沉思禱告時，他們會經驗到自己從翻攪不停的心，獲得某種程度的釋放。他們會感到快樂。然而，如果他們的禪定再深入些，他們往往愕然發現，自心有如過動的兩歲小孩，無法好好坐著，只能安住在當下最多幾分鐘的時間。自心一整天都忙碌不已：它回到過去，重新經歷過去的歡樂和傷痛；它飛進未來，做一百個計劃；它逃入幻想中，創造出滿足自己所想像的幻化世界。新進禪修者也會發現自己有個內在聲音，不斷叨絮，作比較和批評，找理由文過飾非。在這階段的人承認會想要放棄禪修，他們的心似乎比之前更為呱噪！一旦他們的心逸離修行，他們就充斥著自我批判，不但沒有進步，似乎還退步了。

就好像心只願意短暫地玩這個安靜遊戲。當它明白我們是很嚴肅的要它靜止不動，甚至不想要再按照它的指示而安住一段時間時，它可能會抓狂，並且開始像籠裡的老鼠轉個不停。這時，心進入了自我保護模式，試著精確定位出麻煩的根源，開始批判他人和自我批評。當這些負面念頭和情緒充斥內心時，就可能會暗中對正念修行造成損害，最終毀了正念修行。

「僅僅是三個呼吸」的簡單練習，可以成為一個減壓方式。它能夠中斷這種惡性循環，重新啓動我們的修行。我們要求心休息一會兒，要它完全靜止，就三個呼吸而已。因為我們不需要數三個呼吸，所以我們能夠享受它們。完成這三個呼吸之後，讓心放鬆一下，接著將心的注意力再次專注於三個呼吸上。隨著心愈趨安住於當下，最終會自然安定下來。那時，毫不費力的，我們就能多幾個呼吸的時間處於當下，接著又多幾個呼吸，直到我們能夠禪坐於放鬆、敞開的覺知之中。

深入課程

甚至是在夜晚，我們的心也不休息。它創造出夢，處理我們白天未消化的素材。這一切心理活動，這所有的選擇和可能性，都讓人迷惑，甚至令人疲憊不堪。正如同身體需要規律的休息，心也一樣。

讓心休息，安住在全然寂靜中，安住在清淨覺知中，這就是回歸其原本自性，回歸其自然狀態。這個功課可以幫助我們打斷強迫性思惟的習慣。我們不需要心來講述我們生活中的所有事件，我們不需要心在內部評論我們所碰見的每一件事、每一個人。這個喋喋不休的叨述，這些評語，令我們脫離對生命的如實體驗。

心有兩個功能：思惟和覺知。當我們還是新生兒的時候，我們心裡沒有文字，我們生活在單純的覺知中。當我們學會說話時，字語開始充滿我們的心和口。我兩歲大的孫女，一整天話講個不停，就爲了練習她說話的新技能，並讓她沉浸在周圍大人們對此產生的微笑讚美之中。學會講話，是個必要的成長步驟，但也是令自心一直不停的在我們腦子裡講話的開始。這個內部表達會消耗精力。心只有在我們能夠關閉其思惟功能並啓動覺知功能時，才能眞正休息。通常我們會等到唯有至少三十分鐘可供禪修或專注禱告時，才這麼做。然而，我們也可以在一天當中散置幾次短暫片刻的心靈休息。當我們的心眞正休息時，即使只是短至三個呼吸的時間，也能讓心變得振奮清明。

佛陀講過，管不住的心就像是一頭野象，它的精力在四處狂奔時被浪費掉了。爲了使用它的力量，首先我們必須將大象拴在樁上。這就是爲何我們要將心拴在呼吸上。接著我們教導大象站住不動。我們教導心清空自己並站好，警覺但放鬆地，等待接下來會發生的一切。

當心從生產模式轉換到接收模式時，我們就回歸到嬰兒時期的清淨覺知，我們能夠再次返還到無邊無際的「本源」。之後，恢復精神的心會問：「我們何不更加頻繁地這麼做？」

結語

健康處方：安靜自心只要三個呼吸的時間就行了。需要的時候，你可以重複練習。

練習 17

當你步入一個新空間……

我們對這個正念練習的簡稱是「門的正念」，但其實這包括把正念帶入空間與空間之間的一切遷移，在你離開某一種空間，並進入另一種空間的時候，引入正念。在你即將走過一扇門之前，先停下腳步，即使是一秒鐘也好，並做一個呼吸。察覺你在進入每一空間時，或許會有的不同感受。

這個練習的一部份，是審慎注意你在進入一個新空間時的關門方式。我們往往在還沒處理完舊空間之前，就立刻移入一個新的空間，於是我們會忘記關門，或是會讓門砰然關上。

提醒自己

在你家裡經常出入的門上，放一個顯眼的貼紙，例如一顆大大的星星。別忘了進入衣櫃、車庫、棚屋、地下室、辦公室的門。或者你可以放一個特殊記號在你用來開門的手上，例如「門」字。

發現

要是你一開始無法成功進行這項任務，不要感到氣餒。在我們多年來於寺廟內做過的功課中，這屬於最困難的其中一項功課。你會發現自己在走向一扇門時想著「門，門，經過時要有正念……」突然間，你會發現自己已經在門的另一邊了，完全沒有察覺自己是怎麼經過的。在一年內做過這項練習一、兩週之後，我們變得略微在行，後來即使沒有像門一樣的提示關口，我們也能對進入新空間有所覺知。

當你從室內走向戶外時，空間差異最爲明顯，有溫度、空氣品質、氣味、光線、聲音，甚至感覺基調的明顯改變。通過練習，在我們進入或離開一天之中所走過的眾多不同室內空間時，也能察覺這種種不同，雖然它們較爲細膩。

有人用計數器計算，自己一天當中經過了多少次門？有兩百四十次！那是很多的潛在正念修行機會。這個功課似乎會衍生出創造力，還有新的功課。例如，有人加上注意內心的門作爲練習，在離開一個念頭，並開始下一個念頭時，注意這個門的關閉和打開。在禪修時，對進入自心的新「房間」變得更有覺知。另外有人，則是一輩子都習慣大力甩門，於是力圖能夠溫和地關門。還有一人則是嘗試令自心變得寬廣，如同所進入的每一個新房間。

深入課程

對我們大多數人而言，包括我自己在內，需要數個星期不斷重複這個練習，才能將正念帶進我們走過的、半數的門。我們有點進步，是因爲有人在接近一扇常用門旁的昏暗走道上，掛了一張大壓克力板。我們都曾數次撞向它，甚至連懸掛它的人也一樣！在頭上敲幾次，會對一個人的正念產生神奇的作用！

我們也曾深思，爲何這個練習如此具有挑戰性。有人持有如此的洞察：當我們走向一扇門的時候，我們的心跑到未來，向前移動到「我們在另一邊會遇見什麼」，和「即將要做的事情」上去。心的這個移動不明顯，需要小心觀察才會發現。它令我們失神，只是短暫的，卻失去了我們對當下行爲的意識。然而，這無意識或半清醒狀態的心，卻能夠引導我們開門並安全通過。

我們一天中的大多數時間，都如夢遊者般度過，這就是一例。我們在世間穿行的同時，卻是深陷夢中。這半清醒狀態是不滿（梵文 dukkha；苦）的根源，就是總是感到有什麼事情不對勁。當生命正在發生的同時，我們與生命之間卻有一道溝渠。隨著我們一點一滴的學會處於當下，這道溝渠會闔上，而生命會變得更爲鮮活和心滿意足。

結語

體會並欣賞你經歷的每一個具體空間和心理空間。

練習

18

留意周圍的樹木

在這一週，留心注意你周圍的樹木。有很多你能注意的層面，例如，它們有不同的形狀（圓或纖細，外觀是整齊或是亂糟糟的）、不同的高度、分支的方式、葉子的顏色和類型。不要讓心開始分析，只是單純地注意和欣賞樹木。（如果你住在沒有樹木的地區，你可以將這改爲注意仙人掌、灌木或草叢。）

注意樹木的一個好時間是在你駕車或走路時，或是當你看向窗外時。如果有機會，到公園、森林或有行道樹的街上，在樹木之間走走。湊向前去，近距離地觀看樹葉和樹皮。注意到樹在呼吸，它們呼出的（氧氣）是我們所吸入的，而我們呼出的（二氧化碳）是它們所吸入的。

提醒自己

在你車子的儀表板上，或是你經常向外看的窗子上，放一張有樹的圖片。

發現

樹木很容易變成我們生命中的「壁紙」。我們視它們的存在爲理所當然，而不再一一的、清楚的觀看它們。一旦我們開始積極觀看它們，我們就會注意到樹木無所不在，而且其形象複雜，多彩多姿。注意到我們經過的樹木和植物有很多不同深淺的綠色，這本身就是個美妙的正念修行。畫家會留意到樹皮除了棕色之外，還有很多其他顏色，例如紫色或橘色。

我們注意到樹木是如何隨著季節改變：春天的小小新葉是細緻鮮嫩的黃綠色朦朧；秋天是黃色、橘色和紅色；冬天我們見到樹木的骨幹有多種不同的分支模式，以及之前隱藏在夏天葉子下的鳥巢，或松鼠用葉子聚成的窩。我們開始感到好奇，因而學習各種樹木的名稱。

在我們寺廟的森林裡，有一株約兩百年的大葉型巨大楓樹。它被稱作「楓樹大廈」，因爲它是數千個生物的家，從蕨類植物、花栗鼠到蜈蚣。我們可以想見在它的生命中，曾經見過多少從它面前經過的生物：山貓、樹鼠、鹿、美國原住民、芬蘭農夫，以及穿著僧袍的禪宗和尚。

我們爲了與樹木重新連結，每年夏天我們寺廟都會有一週的禁語閉關。在這期間，每個人都會挑一棵森林裡的樹，坐在樹下，與樹相伴。不只是白天，夜晚也一樣。在這段交流期間內，大家都會學到一些重要的事。每當我要處理一些糾結心靈的問題時，我總是會去樹林裡坐下，靠著一棵樹，把自己的覺知和樹的覺知相融，伸展我的想像力，從深植於潮濕大地的樹根底端，到在微風中搖曳的樹頂葉梢。接著我會詢問樹木，對於我的難題它有何看法。這總是很有幫助。

深入課程

我們與樹木和綠色植物間的持續、交互呼吸，這樣的正念能夠供我們鮮明地覺察到自己和所有眾生間的相互關聯。除非我們是植物學家或樹藝家，否則很容易就停止注意這些無所不在的有益伴侶。如果一個生物不會吵鬧，不會跑來跑去，不會直入靈魂地凝視你的雙眼或因爲具有威脅性而抓住你的注意力，我們就會不注意它。但如果樹木消失，我們卻很快就會發現，因爲我們全都會處在高溫下、生病並死去。一棵小樹能夠提供相當於十個房間大小的冷氣機制冷效果。樹木和我們並肩工作，吸入我們所呼出的二氧化碳，並釋放出氧氣。一畝地的樹，一年製造四噸氧氣，足夠維持十八個人的快樂呼吸。

有數個研究顯示，觀看有樹木的自然景觀幾分鐘時間，或只是看著含有樹木的相片，就能降低血壓，放鬆緊張的肌肉，減輕恐懼和憤怒的程度，減少疼痛，降低壓力，減短手術後所需的恢復期。我們人類有二十萬年都與植物、樹木親密相處，只有在過去幾十年間，大多數人才開始在密閉空間裡生活、工作、交通——事實上，是整天都耗在密閉箱子裡。我們受苦，是因爲我們失去了和自然滋養療癒能力的連結。

有一次，一位植物學家來到我們寺廟，教導關於周遭植物的知識。當他在土地上四處走動時，不斷歡樂地歎道：「哦，這棵美洲越橘樹是多麼巨大紅艷！」「哇！我從來沒有見過這麼大片的黃木槿。」我發現，不管這位男士走到哪裡，他的內在體驗都像是處於一群歡迎他的朋友之間，他從不孤單，總是處在單是存在就能給予他喜樂的生物之間。我想，賞鳥人的感受也是如此，他們從來不會缺乏惹人喜愛的友伴。

這個練習打開我們對周圍所有生物的覺知，這可以對治我們很多人都染上的瀰漫性寂寞感。即使是在城市裡，我們四周也有動物、鳥兒、植物、昆蟲。在我們體內，有數十億的生物，大多數是有益的，它們的生命和我們的生命交織在一起。對於我們的健康，它們是不可或缺的，我們對它們也是一樣。我們的心若封閉在對於「我、我的」的擔憂上，就會創造出寂寞。當我們敞開心房，覺知與我們相連的所有生物時，我們的寂寞就會消融不見。

結語

請記得，你總是受到無數生命體的支持，包括樹木在內。你從來都不是孤單的。

練習 19

讓手休息

一天數次，讓雙手完全放鬆。至少有幾秒鐘的時間，讓它們完全靜止。做這個練習的其中一個方式就是把手放在膝蓋上，接著將你的覺知專注於寂靜雙手的細微感覺。

提醒自己

反過來戴手錶。如果不戴手錶，就在手腕上繫一條細線或橡皮筋。

發現

雙手總是忙碌不停。不忙的時候，則是有點緊張，處於隨時準備去工作的狀態。

手，透露出我們的心理狀態是自在或是不安。很多人都有無意識的緊張手勢，例如摩擦雙手或擰絞雙手、摸臉、用手指敲打什麼東西、彈指甲、折指節嘎嘎作響或互相擺弄兩手的拇指。人們初學禪修時，往往很難保持雙手不動。他們會動個不停地重新擺弄雙手的位置，一旦哪裡癢，手就會飛快地過去抓癢。

當我們放鬆自己雙手的時候，身體的其它部位，甚至是心靈，都會放鬆。放鬆雙手是安靜自心的一個方式。我們也發現，當雙手靜置於我們膝頭上時，我們能夠更聚精會神的聆聽。

在我做這個功課的時候，我發現自己在開車時，手總是緊繃在方向盤上。現在我能夠檢查這個不自覺的習慣是否有出現，並且放鬆我的緊握。我發現自己用較輕的握力就能控制方向盤，而且仍然保持駕控安全。當我將方向盤上的雙手放鬆時，我經常發現，在十分鐘之後，它們又回到習慣性的緊握。這就是爲何我們將此稱爲正念的「練習」。我們必須一再重複的練習，才能確實察覺。我們開始投入練習，接著退轉到不自覺的行爲之中，然後再次察覺，接著再次開始練習，如此繼續下去。

深入課程

身心是一起工作的。當我們放鬆心靈時，身體就能放鬆。當身體靜止時，心就能安住，兩者的健康都能獲得改善。

緊張，對我們生活中的大多數任務都是不必要的，是種能量的浪費。有一個稱作「身體掃描」的禪修，首先，能夠幫助我們發現體內潛藏的不自覺緊張，接著幫助我們軟化或是斷除這份緊張。過程如下：你安靜地坐著，從頭開始，一次集中注意力於身體的某一個部份。來自頭皮和頭髮的感覺爲何？一旦你察覺這些感受，試著留意是否持有多餘的緊張，並嘗試在你呼氣時，溫和地放鬆。接著移到額頭，然後是眼睛等等，一次放鬆身體的一個部份。有意思的是你會發現，自己竟然持有那麼多不自覺的緊張，你也會發現這些緊張是在身體的哪些部位。

我們大部份的生活，通常是在兩種模式中度過：晚上我們躺下，放鬆並入睡；當鬧鐘響起時，我們起床，轉換成我們日間所使用的模式——直立、緊繃，而且警覺。在我們忙碌的生活中，很少有同時直立又放鬆的時候。（很不幸的是，也有些時候雖然我們躺下，但卻既不放鬆也未能入睡，反而是焦急盤算，躁慮不安，動個不停，無法入睡。）

清醒、警覺卻又放鬆，這是我們在度假時可能會體驗到的狀態。度假時我們比平常更晚起床，得到完全的休息。我們會在床上躺一會兒，心裡什麼也不想，而且沒有任何要去完成的事情。我們聽見鳥叫和收垃圾的聲音，但是身心都不緊張。我母親總是把這稱作「夾縫內的時間，是我沉思重要事情的最佳時刻」。這是眞的，這確實是最好的時間點，因爲心不受「我、我的」生存之憂慮所障蔽，因此可以更深入地檢視重要事情。禪修時，我們刻意拓展這個夾縫內的時間，我們有意的放鬆，卻又保持挺立和警覺。一開始這並不容易。我們可能失去平衡，擔心自己的禪修不夠完美，擔心自己因而無法獲得證悟，我們的肩膀開始變得緊張和疼痛。或是我們陷入昏沉之中，放鬆至幾乎倒下，直到有什麼聲響驚醒我們。我們會需要點時間以取得平衡。

結語

記得放鬆雙手。要一起放鬆的，還有整個身體和心靈。

練習 20

對一切狀況說「好」

這個練習是對每個人和發生的每件事都說「好」。當你注意到自己有衝動想要反對時，思考是否眞的有必要。你能否只是點頭稱是，或甚至愉悅地保持靜默？只要不會對你自己或他人造成危險，贊同別人和你生命中所發生的一切。

提醒自己

在家裡和工作場所中你會注意的地方，貼上有「好」字的字條。在你的手背寫上「好」字，以便你能經常看見。

發現

這個功課幫助我們看見自己是多麼經常採取負面或反對的立場。如果我們能夠在別人跟我們講話時觀看自心，特別是在他們要求我們做某件事情的時候，我們能看見自己的思緒正形成防衛和抗辯。當議題不是那麼重要時，我們能否抗拒口頭上反對的欲望？對於一日中所發生的經常性事務，我們能不能觀看自己，在心理上和在生理上對這些事情的態度？我們的念頭是不是自動在說「不」？

我們習慣性的反對姿態可以以下列形式出現：念頭（「我不同意他說的」）、肢體語言（緊繃的肌肉、雙臂交抱）、言語（「這個想法很蠢」），或是行動（搖頭、翻白眼、忽視正在說話的人）。

某些特定行業的人說，這個功課對他們很困難。例如，律師是被訓練在合約中找漏洞，或是在證人或另一位律師的說詞中尋找瑕疵；學者被訓練來批評別人的理論和研究。工作上的成功也許是得依靠「攻擊心」，但當你一整天都在培養這樣的心態後，可能很難在回家時把它關掉。

做這項功課時，有人注意到外在的「好」不一定與內心說「不」的真實心態相一致，而這項功課幫助他察覺隱藏起來的狹隘心態。另一人則發現，他之前通常會考慮其他事情——

他必須做的其他所有事情——之後才對請求作回答，如今他發現，就只是說「好」並且放下在做決定時所有相關的、其他的內在掙扎，這是件讓人感到解放的事，讓人感到自己很大方。另一人則說，說「好」創造出自在的經驗，讓她體驗到順應或接受走進她辦公室的人，而不是抗拒他們。

這個功課可以視情況作調整。對你孩子想要跳上傢俱的願望，你可以內心持有「可以」的態度，但取而代之的是把他們的精力轉向遊樂場。

深入課程

佛教傳統說，心有三毒：貪、瞋、癡。我們爲特別受到瞋苦的禪宗弟子而發明了這個功課。那些人習慣性地抗拒對他們提出的任何要求，以及抗拒降臨在他們生命中的一切。對於一切的要求，他們最初且無意識的回應都是「不」，若不是用肢體語言表達，就是大聲說出。有時候「不」是用「好，但是……」來表達；有時候，則是僞裝在看似合理的語言之下，但仍然是個持續不斷的反對模式。

受困在瞋怒內的人，當他們必須做出生命中的重大決定時，決定往往不是基於向積極目標邁進，而是基於逃離某個他們視爲負面的東西。他們被動，而非主動。「我的父母沒有即時支付賬單，以致於我們的電被切斷，所以我要成爲一個會計師。」而不是「我想成爲會計師，因爲我熱愛數字。」

當日本曹洞宗的和尚進入禪寺受訓時，他們被告知在受訓的第一年，無論被要求做些什麼，唯一被接受的回答就是「是！」這是個威力強大的訓練，斬斷層之外顯的成熟，直至剩下一個聽話的兩歲兒童或青少年爲止。

不表達反對，能夠幫助我們放下自我中心的想法，並明白我們的個人意見其實完全沒有那麼重要。這是件讓人驚奇的事，我們和別人的爭論往往並不重要，唯一帶來的，只是增加對自己的壓力，和對周遭人們的痛苦。說「好」可以讓人精神爲之一振，因爲習慣性抗拒會持續消耗我們的生命能量。

結語

培養對生命及其所帶來的一切說「好」的內在心態，這會節省你很多的精力。

練習 21

看見環境中的藍色

察覺所有在你環境中出現的藍色，不管在哪裡。不只是在那些明顯的地方尋找，例如天空，也要找找細微的出現，以及各種各樣的藍色。

提醒自己

在手背上或手腕內側，畫上一個藍色小圓點作記號。在屋內四處你會見到的地方，在門上、冰箱上等地方，貼上藍色的方形小紙片。

當你留意到這些提示物的時候，停下片刻，搜尋四周的藍色。可以是任何色調的藍色，也可以是任何大小，從一小點到一大片都算。

放鬆你的視線，「邀請」藍色出現，這也許會有幫助。

這個功課，是由一位對色彩覺知敏銳的藝術家學生所提議。我們做這個功課一週之後，在進行分享回饋時，他解釋說，在每個顏色當中都能看見藍色。紫色、綠色、棕色，甚至黑色也閃爍著些微藍色。我們大多數人，都在很多出乎意料的地方找到了藍色。有這麼多種藍色，從細微的到明顯的。放鬆視線爲所有顏色和形相帶來了光明。

某些語言使用同一個字表示綠色和藍色，或是同時代表黑色和藍色。例如，在日文有個表示藍色的古字「青」（aoi），分開表示綠色的另一個字「綠」（midori），則是一直到後來的平安時代才有人使用，而出現在教育性資料中，是到二次世界大戰後被佔領期間才有的。其他語言則對不同深淺的藍色有很多不同的名稱。例如在希臘文中：thalassi 是海藍色，ourani 是天藍色，galzio 是淺藍色等等。

人們說，當他們記得去尋找藍色時，藍色似乎會蹦現在他們面前。藍色物品似乎會變得更爲明顯，有如變得更三維立體。這個功課也開啓對天空的嶄新欣賞，那個通常佔據我們視線中一大部份的藍色巨碗，我們大多數都會忽略了它。明亮的藍天一直都在我們頭上，就算被雲遮蔽或下雨的時候也是如此。當我們搭乘飛機向上通過低空雲層，並進入明燦陽光中時，我們就會明白這點。

深入課程

當我們記得向藍色打開我們的覺知時，它似乎變得更爲生動，並且更爲無所不在。當然，它不是在當時才變成這樣，它一直都是明顯清晰的。然而，只有在我們具有正念時，才會察覺到我們生活中到處都有它的存在。

我怎麼知道我所看見，稱作「藍色」的正是你所見到的藍色？我們每個人都生活在自己的世界中，沒有另一個人可以進入你的世界，或完全經驗你的世界。就連同卵雙胞胎的體驗也是獨一無二。我們是唯一能見到我們「所見」藍色的人。同樣的，我們各自的個人生活也絕不會再次發生，唯一能夠精彩充實地度過此生的就是我們自己。

藏傳佛教徒描述我們的自性有如天空，廣大、光明、清明。禪修幫助我們重新找回這個無邊無際的心，這心能夠照亮，並且深入觀看，我們將它投向的一切目標。清淨自心有點類似我們每天面對電腦螢幕時會有的經驗。我們會發現自己完全陷入螢幕中讓人著迷的複雜世界中，一時之間，那成爲我們的整個現實世界。接著有什麼事情把我們從螢幕拉開——有個眞實存在的人過來跟我們講話，於是我們的電腦螢幕又變回了「螢幕保護狀態」，也許是一張飄著幾朵白雲的蔚藍天空圖片。突然間，我們的覺知拓展，我們被拉出那個小小一塊、閃爍字幕的狹窄世界中。

當我們發覺自己深陷於讓人沉迷的複雜內心螢幕時，我們要記得，自己是有選擇的。我們能令這個螢幕縮小或「極小化」，成爲心靈屏幕下方的一個小圖標，打開我們本具無垠清明自心的寂靜藍天。會有幾個念頭飄過視窗，就像是虛無飄渺的白雲。我們超越「我、我的」的狹隘世界，上升至一個寂靜的地方。無論何時，當我們想要，我們都能隨心所欲的打開我們的憂慮和計劃的小小圖標。

就像藍天一直都在我們頭上，即使是我們見不到它的時候也一樣。我們圓滿的本具自性亦是如此。就算是在我們的心理狀態烏雲密佈時，就算是在我們的情感正傾盆大雨時，我們的自性也一直在那裡——在我們自身，與萬事萬物之內明亮照耀著。

結語

我們可以逃脫自戀心的黑暗狹窄牢籠，在光明如天的心中尋得自由。

練習 22

觀察腳底的感受

在一天之中，盡可能的經常將覺知置於你的腳底。覺察腳底的感受，例如腳下地板或地面的壓力，或是雙足的冷熱。尤爲重要的是，在你察覺自己焦慮或沮喪時這麼做。

提醒自己

記得這個功課的經典法門，就是在你鞋裡放一顆小石子。較不痛苦，但可能也較沒有效的方式是：在你會看見的地方放上寫著「腳」字的紙條，或是在地板上的適宜地點，擺上腳印形狀的圖片。你也可以設置自己的手機或鬧鐘，在一天當中，每隔一陣子就作響，當你一聽見鈴聲時，就將覺知轉向腳底。

發現

透過這個正念練習，大家都注意到自己在走路時，通常不太注意自己的腳，除非是腳痛或是摔了一跤。在思緒煩亂時，將覺知從頭部轉向腳，這有安定自心的功能。這可能是因爲腳底是離頭最遠的地方，而頭是我們通常認爲「自我」存在的地方。我們非常認同自己的思維就是自己，並且給心或頭腦一個特別崇高的地位。我們很多人都不自覺的將身體看作是頭腦的僕人——身體配備著雙腳，運送發號施令的心去各個地方，並且有雙手取來心自認爲想要的東西，例如甜甜圈。

我們在寺廟開始用餐前，經常進行將覺知置於腳底的靜坐，這有助於引發進食時的正念。我們也發現，當我們覺知腳底的時候，平衡感會增加，並且步履更爲堅實。

武術和瑜伽都強調覺知雙腳，並且延伸心靈與大地的連結，根植於大地。這產生的不止是生理上的穩定，心理上也會更加平衡。當我們感到焦慮時，心會變得更加活躍，猶如在轉輪上的天竺鼠，不斷跑著、轉著，企圖明白如何才能逃離心理上或生理上的不適。做這個功課時，人們發現，將覺知帶向腳底所有的小小感受時，不斷變遷的生理感受流轉會盈滿整個心靈，以致於完全沒有可供思維的空間，於是他們感到比較不會頭重腳輕，感覺更為沉穩，較不易受到念頭和情緒的推擠。將覺知放到腳底能夠令自心變得清明，並且撥開層層的焦慮。

深入課程

我們的心熱愛思考。心認為若是不思考，就是沒做好指引我們和保護我們的工作。然而，當心變得過度活躍時，卻產生了相反的結果。它的指引開始變得刺耳，甚至令人痛苦，而且它持續不斷的警告令我們充滿了焦慮。我們如何才能將這思惟之心，安置在恰如其分的位置和觀點上？我們應該把心從思考轉向覺知，從對身體的完全覺知開始做起。

行禪，或稱作「經行」，是禪宗修行的一個重要層面。我們做的時候不穿鞋，這樣可以使腳底獲得最多的感受。行禪有助於將坐禪所得到的寂靜身心帶入我們日常活動的世界中。禁語行禪，是一道連接兩邊的橋樑，一邊是處於清淨覺知的靜坐禪修，另一邊是說話和活動。在行走時保持心靜並非易事，身體的一點點活動似乎都會造成心靈的活動。

我們可以自我挑戰。我能不能在室內走上一、兩圈，同時保持心的靜止並將注意力集中在我的腳底？或在戶外步道上，全程都保持如此？還是從這裡到轉角的路程間？

結語

若能精進修行，把覺知放在腳底，將會帶來心靈的穩定和情緒的平靜。

練習

23

看看周圍的空間

盡可能經常的把對「物品」的覺知轉向對「物品周圍空間」的覺知。例如，當你看向鏡子的時候，注意你頭部四周空間的影像。在房間裡，則注意空著的地方，而不是家具、人或其他可見的事物。

提醒自己

在你會看見的地方，貼上空白的方形紙片，或是寫著「空間」的字條。

發現

一般而言，我們的注意力會放在物品上。在房子裡，我們會注意人、動物、家具、電器用品、碗盤等。在戶外，我們的視野仍然非常狹隘，注意力集中在建築物、花草樹木、車、動物、道路、標誌、人的上面。要經過一番努力，才能把我們的覺知轉向這些物品四周的空間，或是屋內的空間。在某種程度上，向空間敞開心房是一種休息。我們的焦慮是否和物品連接在一起？

若是持續修行，這個功課可以是個強大的覺知工具。一名學生評論說，日式插花幫助她欣賞空間。「我學到看見空間，空間和空間內的物品同樣重要。空間使得東西不會混在一起，空間有助於顯露出葉、枝、花的美。」同樣的，我們內心的空間能夠防止事物被糾結成一團的念頭所覆蓋，並且對我們所見一切都顯露出其單純和美麗。另一人補充說：「當我看到物品四周的空間時，物品驟然跳出，變得更爲鮮明。我也見到椅子等很多東西之所以有用，就是因爲它們有空著的地方。」還有一人說：「就好像一切都是連續的，都由空間連接起來，萬事萬物都和我在一起共同禪修。」

有一人在敘述自己的經驗時，淚光在他的眼中閃爍。「在我記得要留意空間的時候，牆壁似乎延伸出去，所有東西的周圍似乎有了更多空間。我決定將這應用到我的念頭上，突然之間，念頭四周也有了更多的空間。『自我』的感覺衰退，它變得只是一大片空間中的一個念頭罷了。但是我的心接著說：『哇！』，於是沉重的自我感再次組成。」另一人則很震驚地發現環繞在她情緒周圍的空間，並且領悟到：她既不是自己的念頭，也不是自己的情緒。

深入課程

我們的身份受限於強化我們自我感的物品。「我是個藏書家——收藏書的人。」「我擁有最新的娛樂系統。」「我的牆上有美麗的藝術品。」「我有五隻貓。」我們一整天都忙於從事與物品有關的各種事務中。我們的欲望集中在事物、動物、人的身上，我們想要這些人、事、物佔據自己周遭的空間。我們很少退一步看看周遭的環境——構成一個房間、一幢建築、戶外景觀絕大部份的空白空間。若我們能夠轉移自己的覺知至物品四周的空間，就會有一種如釋重負的感覺。

察覺存在內心的空間也是同等重要。當我們能夠放下念頭，將我們的覺知固定在念頭後面的心靈根基上，就會有一個立即的解脫感。我們的痛苦受限於物件，受制於想要獲得它們、保有它們、改變它們或除去它們的欲望。只要我們發現自己正在對客體作堅實執取，無論是實體物品或是念頭、情緒等心理上的對境，我們就是在抓取痛苦的種子。如果我們能夠放下這個執取，逆轉自己的關注點，去覺知空性的背景，覺知種種可能性，我們就能預防壓力和悲傷在內心增長。

有些基督教神秘主義者稱上帝是「存在的根基」。在這個根基上休息，感覺就像是找到回家的路。這是我們出生前的覺知，也是我們出生後數個月的覺知，直到語言、想法、情緒一個接一個地開始充斥並障蔽我們心靈為止。禪修和祈禱能夠穩定自心，將我們帶回這個根基之中。

結語

讓心變得開闊。不要因其內容物而分心或是受到矇蔽。

練習

24

一次吃一口

這是只要你一吃東西就做的正念修持。在你吃進一口食物之後，把湯匙或叉子放回碗中或放在盤子上。將你的覺知置於口中，直到享用完並吞下那一口食物爲止。這時才拿起餐具，再享用另一口食物。如果你是用手進食，就在咬一口食物之後，把三明治、蘋果或餅乾放下。

提醒自己

在你用餐的地方，貼上「一次一口」的字條，或是上面寫著「放下」的湯匙或叉子圖案。

發現

在我們寺廟裡所進行的正念修行當中，這是最具挑戰性的練習之一。在嘗試這個練習時，大多數人都會發現自己有「層層堆疊」的進食習慣。也就是說，他們放一口食物進入口中，把注意力從口中轉向舀起下一口食物的叉子或湯匙上，接著，在還沒吞下第一口食物之前，又放進第二口食物。在咀嚼前一口食物的時候，手經常是懸在半空中，拿著另一份尚未放入口中的食物。他們發現，只要心一開始遊盪，手就再次掌控，在尚未處理完的一口食物上又放上一口新的食物。眞是難以想像這個簡單任務會有這麼難！需要時間、耐心、毅力、幽默感，才能改變長期的習慣。

如果我們好好咀嚼食物，讓食物與含有消化酵素的唾液混合，就可以從嘴巴開始吸收食物。愈早開始吸收，飽足感信號就會愈早傳至大腦，我們就會更快感到吃飽了。我們愈快覺得吃飽，對於取用的食物量和進而攝入的食物量，就愈能節制或適量。

在取用每一口食物之間放下餐具，這曾經是禮貌的一部份，能抑制我們狼吞虎嚥的習性。有人在試行這個功課之後驚歎：「我現在才明白，我以前從來不咀嚼我的食物。我幾乎是整口吞下，就爲了急急忙忙的要吃進下一口食物！」她必須問自己「我是如此熱愛食物的人，爲何我要如此著急的吃完一餐？」

這個任務其實是要我們覺知到自己的沒耐性。快速進食，層層堆疊一口又一口的食物，這是缺乏耐心的明確例子。做這個功課可以引導你觀照在生命中其他方面或其他場合所升起的不耐煩。在你必須等待的時候，是不是會變得煩躁？我們必須自問：「我是這麼想要享受生命，何必如此匆忙地度過人生？」

一次只體驗一口食物或一次只嚥下一口食物，這是一次體驗一個時刻的方式。因爲我們一天至少會吃吃喝喝三次，這個正念工具給我們數個內置的機會，將正念帶入每一日當中。吃東西是件讓人自然感到愉悅的事情，但當我們迅速進食且缺乏正念時，我們就不會體驗到那份愉悅。研究顯示，很諷刺的是，人們在食用他們喜歡的食物時，會比食用他們不喜歡的食物時更爲迅速！飲食毫無節制者也說，他們不斷吃東西是爲了重新升起第一口食物的快感，但因味覺感受器很快就會變得疲乏，所以這永遠不可能發生。

心不在焉時，當心裡想著過去或未來時，就只有一半的我們在品嚐食物。當我們的覺知停留在口中時，當我們在進食期間完全處於當下時，當我們將飲食速度放慢，在每一口之間稍作停留時，這時每一口食物就彷彿是第一口食物，豐富且充滿有趣的感受。

若是不具正念的追逐享樂，就像是受困於跑步機上。正念使得愉悅感在我們生命中數以千計的小小時刻中綻放。

結語

如果沒有邀請心來參加，口中就不會有筵享。

練習
25
無盡的欲望

在一天當中，盡可能的經常察覺欲望的升起。

提醒自己

在重要地點貼上小紙條，問說：「我現在的欲望是什麼？」

發現

人們報告，在做這個練習之前，他們總以爲欲望是關於食物或性。然而，如同一位男士所說，在一整天都維持對欲望的覺知之後，他發現欲望不斷升起，從他醒來的那一刻開始，一直到他入睡前有意識的最後一刻爲止。鬧鐘響起時，有想要多睡點的欲望；走進廚房時，想要咖啡；晚上，則是想要躺在床上……有諸多的欲望。對於發現自己有這麼大量的、拙劣僞裝成「理性」的欲望，很多人感到震驚不已。

蠻橫的欲望在生命很早期的時候就已生根。早餐過後半個小時，我兩歲大的孫女會在戶外快樂地盪鞦韆，此時她的小臉會突然糾結而皺眉宣佈：「我想要冰淇淋！」過後不久，會是「我想要葡萄乾巧克力！」她還已經學會，相較於「我想要……」，說「我需要……」會更能容易讓她的欲望獲得滿足。由於她是如此容易被看透，所以你可以見到欲望的雲朵飄過，使得她陽光燦爛的心變得烏雲密布。大人必須花費一番功夫和伎倆才能讓她分心，使她從張牙舞爪、糾纏不清的欲望中脫離出來。

我們全都知道，欲望可以像雜草一樣，它們多刺的果實能夠抓著我們不放。我們和蹣跚學步的小孩並沒有什麼不同。我們可以滿足地經過商場，突然因爲聞到肉桂麵包的味道，於是見到欲望在我們心中升起，開始在心裡叨叨絮絮、談判交涉並文過飾非。要有相當大的毅力才能停止內在的爭論，並且令心續轉向較爲健康的東西上面。

欲望本身並沒有什麼不對。欲望使我們得以存活。若是對飲食、睡眠沒有欲望，我們很快就會死亡。如果我們沒有性欲，就不會有人類後代，就沒有佛陀，沒有先知，沒有耶穌。舉例來說，當你饑餓時，對食物有欲望並在進食時享受一番，這並沒有什麼錯。然而，如果我們之後還執取那個享受，接著執著於爲我們帶來快樂的食物，這時我們就開啓了痛苦的道路。「那冰淇淋是如此的美味，我需要再來一大碗。」或是再加上「我工作那麼辛苦，我應該給自己再來一碗做獎勵。」

在日常時候觀看欲望有多常升起，有助於將欲望從下意識中挑出來。在無意識的狀態中，我們會受到欲望的控制；欲望會在我們沒有察覺的情況下，指揮我們的行爲。「我想要/需要/值得吃點冰淇淋」很快就變成了「我怎麼又重了五公斤！」「我很寂寞，我想要/需要/值得有人來愛我」變成了「我怎麼會跟這個人上了床！」若能將欲望帶進我們覺知的開闊處所，我們就能夠看見欲望，並且對於依循欲望是否爲賢善之舉，做出神志清醒的決定。

欲望之所以具有如此強大的力量，部份原因在於它令我們感到活著。當我們的心固執在某個它想要的東西上時，我們就像是盯住獵物的獵人，感到警覺並精神奕奕。如果我們正在思索是否要買一輛車，我們就會開始注意到到處都是車。我們和朋友及銷售人員談論車，並在網上閱讀測評。最終我們買了一輛車，我們快樂地開著新車四處去。但這快樂能夠持續多久？最多幾週或幾個月。接著它成了「不過是另一輛車」，而我們又開始尋求其他的東西，也許是一臺新的電腦。

欲望本身可能是讓人愉悅的，但是獲得滿足的欲望卻可能讓人失望。這就是爲何人們總是在追求些什麼，不管是新車、新的伴侶或是新的美食，這毫無休止，正是大苦和不滿足的根源。

結語

當你不快樂的時候，找出自己在執取些什麼，並且放下這個執取。

練習 26

觀照「痛苦」

在你度過一天的時候，注意那些痛苦的現象。你是如何偵測到自己或他人的痛苦？在哪裡最爲明顯？哪些是較細微的形式？哪些是較爲強烈的形式？

提醒自己

在合適的地方貼上寫著「研究痛苦」的字條，或愁眉苦臉的人的相片。

發現

痛苦無處不在。我們在人們焦慮的臉上見到痛苦，在他們聲音裡聽到痛苦，在新聞裡看見痛苦。當我們研究痛苦時，我們能夠在自己的念頭裡聽見痛苦，在我們自己的身體裡感受到痛苦，在鏡中的臉上看見痛苦。人們在開始做這個練習的時候，往往想著最極端的痛苦和最明顯形式的痛苦——你的摯愛死亡，或是受到戰爭迫害的兒童。然而隨著這個功課帶來更多的覺知，人們發現痛苦的範圍廣闊，從溫和的焦躁、不耐煩，到狂怒或難以承受的悲慟。

我們能發現的不只是人類的痛苦，還有動物的痛苦。我們可以看見自己所愛之人的痛苦，以及街上陌生人的痛苦。痛苦經由廣播、電視、互聯網，源源不斷地灌注進我們的心靈。

疼痛和痛苦是不同的。疼痛是令人不悅的肉體感受，所有人類肉體都會經驗到疼痛，其實一切有情眾生都會經歷到。痛苦則是心理上和情緒上的煩惱，是附加在這些肉體感受上的感受。佛陀鉅細靡遺地研究痛苦達七年之久，他發現到肉體疼痛是不可避免的，但心所添加的痛苦則是可以選擇的。事實上，唯有在你具備可以控制心意的良好工具，並且精勤運用這些工具的時候，才可自由選擇。

例如，當我們頭疼時，我們可以想：「好吧，我身體的這個地方有暫時性的不適。」或者我們也可以想：

「這是我這週第二次頭疼了。」（把過去強拉到當下。）

「我很確定這會愈來愈糟，就像以前一樣。」（預測並可能創造出未來的事件。）

「我無法忍受。」（但事實上，你之前忍受過，未來也會再次經受。）

「我是不是哪裡有問題？」（什麼問題都沒有，你不過是個具有身體的人類。）

「我會不會是有腦瘤？」（極其不可能，但你可以對此憂慮而給你自己更糟的頭痛。）

「也許是因爲我工作上的壓力，我的老闆簡直是不可理喻……」（到處尋找怪罪的對象。）

我們心理上的苦惱會對肉體上的疼痛有所助益嗎？不會，只會讓它更強烈，並讓時間變得更久。我們已經將簡單的暫時性肉體不適，轉變成巨大的痛苦。

深入課程

痛苦會帶來某些利益。如果我們從來沒有經歷過痛苦，那麼在我們度過人生的時候，就會完全沒有想要改變的動機。雖然不幸，但似乎確實是這樣：我們在最不快樂的時候，最會想要有所改變。

如果我們能夠抑制自心，不橫行霸道，不胡亂臆想並製造災難，不爲自己的苦難尋找一個可供怪罪之人，那麼我們就可以僅只是體驗肉體層面的「疼痛」。如果我們只是體驗這個肉體疼痛，實際對其進行檢視，辨認它的所有特質，而不是把它視爲「難以忍受」，這時，它可以變得相當有意思。疼痛的中心有多大？疼痛究竟是位於何處？是在顱骨的上方還是下方？疼痛的質感爲何？是尖銳的、鈍的、刺痛的，還是平穩的？如果疼痛有顏色，會是什麼顏色？疼痛是持續不斷的，或是間歇作疼的？當人們停止抗拒疼痛並用這種方式作觀察時，他們經常提出有趣的發現。抗拒會將疼痛固定在內。當我們不再向單純的肉體不適增添心理上和情緒上的壓力時，疼痛就能自由自在地改變，甚至消失。

痛苦也使得我們生起悲心。在我的第一個孩子出生之後，我對於生命脆弱性的新覺知也隨之升起，於是我爲世界各地子女早夭的陌生婦女哭泣。當我們受苦或感到煩惱時，正是將我們的覺知從內轉向外的最佳時機，並爲跟我們現在受苦方式有相同經歷的眾生做慈心的修持。例如，當我們患上流行性感冒時，我們可以說：「願所有今天臥病在床的人，包括我自己在內，獲得安適自在。願我們全都能好好休息，迅速康復。」

同樣的，生病幫助我們對健康感恩。當我們察覺到種種痛苦時，我們也變得更能覺知其相反面。快樂有很多簡單的來源：一個嬰兒的完美睫毛、在塵土飛揚的道路上，落下第一滴雨水的氣味、安靜房間內的一抹斜陽。

結語

痛苦給我們改變的動機。改變是好是壞，這取決於我們自己。痛苦也給我們一個禮物——對於和我們一樣受苦的所有眾生，能夠推己及人，感同身受。

練習

27

學傻瓜走路

一天數次，特別是在你的心智狀態並非處於最佳狀況時，做某種愚蠢的走路動作。最簡單的傻子走路方式包括：倒著走，跳著走，或是單腳跳著走。

提醒自己

在你鞋尖上貼一小截膠帶。

每當你注意到這膠帶時，評估你的心情，用一到十的打分數（一是最悲慘的狀態，十是最快樂的）。接著做簡短的傻子走路，然後再次評估你的心情。有什麼變化嗎？

如果你需要靈感，就在 YouTube 或其他線上影片分享網站搜尋 Monty Python 的小品，稱作「阿呆走路部」（The Ministry of Silly Walks）。

發現

這個功課是受到Monty Python的「阿呆走路部」所啓發。觀看這一集影片之後，我們四處耍寶搞笑，發明新的蠢行方式。我們發現，傻子走路是最能迅速改變自己心情的方式，並也迅速改變觀看你的那些觀眾的心情。也許你的孩子在心情不好時，也會試試這麼做。

對於改變淪入負面或沮喪心境，這是一個至關重要的技能。直到我們善於用心意改變心境之前，我們往往必須使用身體的幫助。傻子走路之所以有用，這是因為——如同我們在禪宗所說的——身心不是分開的兩個東西。身和心不是分開的，也不是相互獨立的。

深入課程

我們不能依靠外在的人、事、物來改變我們難受的煩惱情緒。爲什麼不能？首先，因爲別人永遠無法眞正體會或明白我們內心的狀態。此外，人是佛陀所謂的「因緣和合之物」，這表示他們是暫時的，他們會改變、消失或死亡。至少，比如我們因考試而驚慌失措時，或是因一場艱難的工作面試而沮喪苦惱時，他們並不會隨時隨地都在身旁。

佛陀建議他的追隨者：「成爲你自己的明燈。」這表示我們能夠學習打開自己覺心的明光，並用它客觀地觀看在自我機器中正發生的一切。利用這明光，我們就能夠觀察這個小小的自我，看它在何時、以何種形式偏離了最佳狀況，並且我們可以學習修好它。

如果我們能夠學會自行改善不良的心情，而不是讓自己成爲善變情緒、念頭的受害者，那麼我們就成爲禪宗所說的「房子的主人」。通過精進修行，我們能夠變得更有信心，相信自己具有隨著各個狀況而改變念頭和情緒的能力，於是我們在難以預測、不斷變化的環境中作爲人類的恐懼會開始消散。我們能夠體驗到眞正解脫的滋味，從我們自心及其波動情緒的暴虐統治中，獲得解脫。

我們藉由做這個功課來提醒自己：不要太嚴肅地看待自己。傻子走路將我們的心，從佔據自我的忙碌和種種境況中脫離出來，並且改變我們的觀點。日本佛教大師聖者（Shonin）曾說，我們人類是「愚蠢無知的眾生」。當我們承認自己的愚蠢，當我們甚至願意愚蠢的時候，會打開很多的可能。

結語

我們能夠學會自行改善不良且無益的心情和念頭，不需要任何儀器或費用。就像所有的技能一樣，這需要時間和很多的練習。

練習 28

水

向一切形態的水，打開你的覺知，包括你身體內外的水，以及住處裡裡外外的水。在食物、飲料、你的環境中，覺察到液體的性質。

提醒自己

貼上「水」字或水滴的圖片。你也可以在重要地點擺上小碗的水。

發現

我們在做這個練習的時候，發現水無處不在。水在我們體內，在唾液、淚水、血液、尿液、胃液、關節液、性分泌物中。我們體內有百分之七十是水；若是沒有水，我們就只是一小堆乾乾的細胞和鹽。若是沒有水，我們幾天之內就會死去。我們一整天都在攝入水份，從茶、橘子、綠色沙拉、湯中攝取。水在我們的體外，在水坑裡，在潮濕土壤、樹葉、露水、擋風玻璃清潔液中。水在我們上方的雲朵裡。水在我們的下方的大地中流動，在地底的下水道、水管、深處蓄水層中。

當我們向水打開自己的覺知時，我們會明白：水眞是奇妙的物質。水是透明的，但卻能變成無數的顏色。水能夠符合所有容器。水是我們吸進和呼出的無形氣體，而我們甚至沒有察覺到。水是我們帶著謝意灌下喉嚨的透明流體。水是晶瑩的雪花，覆蓋住人類創造出的醜陋之物。水是滑溜溜的堅硬東西，使得我們在走路或開車時感到恐懼。

通常我們不會注意到水，除非是發生了問題——停水，馬桶的水滿出來，或是上班的路上淹水。在已開發國家的我們，把潔淨的水視爲理所當然之事。兩千五百五十年前，佛陀居住在炎熱又缺乏衛生的國家，他講到，可用來盥洗、飲用的淨水是最偉大的禮物之一。對於全世界水供給的不足，擔憂日益升高。世界上仍有很多人沒有安全的飲用水。對於大地和天空每日給予我們的這個維生禮物，我們能不能感激它？

有一次，一位年輕僧人把河水加熱給他的師父洗澡。當他把木桶裡剩下的幾滴水倒在地上時，被他的師父嚴厲喝斥，說他缺乏正念。即使是一滴水也能拿來給園裡的植物作澆灌，從而爲植物、僧眾、佛法帶來生命，或是回到河流裡面。僧人的心大受啓發，於是自號「滴水」（Tekishui），後來成爲偉大的禪師。

深入課程

隨著我們對水的觀照，我們的心便能取其流動性。正如同水能無礙流入不同容器中，若我們培養輕柔之心，就能隨著情況的升起和改變，流入不同情況中，毫無耗損精力的抗拒。

我們享受坐在河邊或溪邊，看著不斷改變的持續流動。我們是否也能用平靜之眼觀看我們生命的流動，對無常感到自在，並對因果的無盡流動感到安適？

當我們觀察水是如何在固體、液體、氣體等不同形態間變化時，我們對自己的生命和無常的眞諦也有所學習。諸元素的集合暫時聚集成看起來是固體的人類，但是當維持這些元素平衡的凝聚力改變時（血鉀降低、不規律的心跳、有一剎那的時間沒有注意到方向盤），它們便開始分離消融，回歸氫、碳、鈣、氧，以及些微的熱能。

水還有另一個我們能夠學習的品質。把泥水倒入玻璃杯中，讓其不受干擾地擱置一會兒，最終污泥將會沉澱在杯底，水再次變得潔淨。當我們的心不安、焦慮或恐懼時，就很難見到解決我們問題的方法。正念的一個層面是記得：平靜自心並讓心再次獲得本然明淨，這是可能的。只需要坐下，做幾個深呼吸，讓你的思緒和感覺沉澱下來。如何做到？使用本書中的任何一個練習。在緊急狀況時，最有效的技巧如下：覺知你的呼吸，覺知你的丹田，對你的身體和心靈修慈心，打開耳朵聆聽聲音。這會重振精神，就像是為你的心靈沐浴。

結語

道元禪師指示飯頭僧：視水如自己的命脈。

練習

29

向上看！

一天數次，刻意向上看。花幾分鐘時間，好好看看房內的天花板、高樓大廈、樹頂、屋頂、山巒或丘陵、天空。看看你會注意到有什麼新鮮事物。

提醒自己

貼上畫著向上的箭頭或寫著「向上看」的小標誌。

發現

大多時候我們只看見很狹小的一部份世界。因爲我們的眼睛在我們頭的前方，我們的視覺覺知通常僅限於處在我們前方的事物，從地面到大約三公尺高的片面部份。只有在我們看見或聽見有什麼不尋常東西出現時，例如兩米高的人或是頭上突然有什麼巨大聲響出現時，我們才會向上看。當然，有些人因爲務農或航海等職業而經常觀看天空，因爲接下來的天氣對他們很重要，但是如今他們或許更可能觀看氣象頻道或是雷達屏幕。

向上看能使我們的觀點開闊，讓心離開神經質的松鼠牢籠，而得以伸展和柔軟彎曲。人們在向上看的時候，會注意到很多他們之前沒看見的東西：天花板上的燈飾，建築物上的裝飾性雕刻，在風中搖擺的樹梢，雲的形狀和顏色，看向公寓窗外或依靠在陽臺欄杆上的人，驟然聚在一起盤旋飛翔的鳥群。

有心理學實驗顯示，我們對很多東西是視而不見的，甚至是在我們直接看向某個東西的時候。例如，籃球比賽時穿著大猩猩服裝走過的人、相片裡的兩個人面孔對調了，或是向人問路時，這個被問的人已經換成另一人了（後者暫時藏在扛著一塊板經過的人後面）。我們在四處走動時猶如陷入夢境中，四分之三的視野都是盲目的。

深入課程

「看」並不等同於眞正看見。

看見所需要的不只是視力，還有注意力。沒人看見籃球比賽中的猩猩，是因爲我們被要求注意別的東西——計算某一隊傳了幾次球。我們開車上班的時候，我們的眼睛顯然看見了紅燈，但對我們是否停了車，卻沒有清醒的覺知。

在我們正前方的事物，會完全佔據我們的注意力，以致於我們錯過很多周圍所發生的事情。孩童比成人更具有覺察力，成人的焦慮使得他們的生活窄化成「我必須擔心的事情是否正迎面而來？」

向上看能拓展我們生活的範圍，在我們的生活中納入比先前更多的眾生（例如鳥）和現象（例如彩虹）。一旦我們的視野變得更爲寬廣，我們對自我的體驗也會擴展。我們不再如此深陷於自稱是「我、我的世界、我的憂慮」的小框框裡。

「向上看」有助於擴展我們的眼界。五樓陽臺上的女士或頭上盤旋的老鷹會如何看待我們？即使只有一點點是透過他們的眼睛、透過上帝的眼睛來看自己，我們自戀生活的幽閉恐懼密室就會打開，我們會品嚐到自由的誘人滋味。

「向上看」就是向外看，看到「我自己」這個小框框的外面。難道你不想走出去嗎？

結語

眼睛是重要的正念工具。打開你的視野，眞正地觀看！

練習 30

你和你的勢力範圍

覺察你是如何定義自己？如何防禦自己與自己的勢力範圍？例如，你自認爲是自由派或保守派？是來自東岸或是西岸的人？你如何維護這個立場？注意一個馬克杯、停車位、地鐵上的座位有多快就變成「我的」，以及若是別人佔用時，你會作何反應。

一日數次，檢查這個過程。尤其是在你被激怒或不悅時，問問自己：「此刻我正如何定義自己或個人的勢力範圍？」

提醒自己

在適宜的位置貼上「定義與防禦？」的字條。

發現

這個練習是來自一位藏傳佛教傳承的老師，他名叫麥可．孔克林（Michael Conklin），他在我們寺廟附近的社區大學教授佛學課程。他給學生的其中一項功課就是花一週的時間觀看「自我定義與防禦」的過程。學生們發現這相當有啓發性。他們的首要發現就是：自己不斷在從事這個過程。

當我們界定某個特定實體空間屬於我們的時候，我們可以清楚見到這個過程——教室裡的一張椅子或桌子，鍾愛餐廳內靠角落的桌子，高速公路上的一段空間，衣櫥的某一層架子，上健身課程時地板的某個位置。我們在自己心裡圈起了屬於自己的勢力範圍，若是有人不尊重這個無形疆界，我們就會有所反應。在我們放下瑜伽墊的幾分鐘內，我們就已經宣稱這是「我的」空間。在我們寺廟裡，一旦開始閉關，移動任何人的禪修坐墊，就成爲一件必須謹慎處理的事情，因爲有些人會對此感到非常不高興。我們不管去哪裡，都會想要設立小小的安全巢穴，然後作防禦。

這個過程在生命早期便開始。奧村正博（Shohaku Okamura）禪師說過他帶自己小兒子去公園的經歷。他會帶上幾個玩具，讓他的兒子可以跟其他小孩一起玩玩具，以藉此認識一些美國小朋友。但是在其他小孩接近時，他的兒子卻把玩具捧在胸前，並說出他的第一個英文單詞「不，我的！」於是自我誕生，並獲得防禦。這是人類發展的自然進程，但我們若要眞正感到滿足，在成人生活中就必須作出調整。

深入課程

當我們認爲自己需要某個東西，使自己感到完整、快樂的時候，就生起了貪。這可以是某臺車、房子、食物、學位或大眾喝彩，也可以是另一人。如果我們不能擁有內心所欲之物，我們就變得不快樂。這是用物質財產來定義自己——用那些我們好不容易得到並佔據不放的東西來定義自己。

我們也會以自己的心理財產來定義自己，炫耀自己的知識，堅決防衛自己的觀點。我們思忖：「我對這個題目的想法是正確的，我會爭辯，直到說服你爲止！」這使人震驚卻又好笑。你想想，如果在二十四個人當中，除了我們自己的意見以外，還會有其他二十三種不同的意見，我們爲何要認定唯有自己的意見才是正確的？

瞋怒或煩躁是我們正在防衛自己的一條線索。當我們認爲自己需要擺脫某物或某人以獲得快樂時，怒氣就會升起。這可以是某個政客、疼痛或疾病、難以共事的老闆或同事、煩人的鄰居或他叫個不停的狗。如果我們不能打發掉他們，我們就變得不快樂。爲什麼世界不能如我所願的運行？又一次的，這很令人震驚，也很可笑。爲什麼事情不按我的方式進行，而是要按照這星球上其他七十億人所想的方式進行？

對於自我是什麼，我們也很愚癡。自我不是一個穩定、固定的東西，它不斷在變動。我們稱作「我」的一切，全都是一個不斷變化的過程，這卻影響著我們的喜惡、衣服、頭髮、身體的每一個細胞。我們的每一個呼吸，都是那不斷流轉的一部份。當我們試圖凍結自我感的時候，只會造就痛苦。比方說，「我內心只有三十歲，但我外表看來卻有六十歲，我恨死這個樣子了！」

結語

並沒有一個稱作自我的東西是要防禦的，因爲實際上，自我是一個感受不斷變遷的過程，包括我們稱作「念頭」的感受。

練習 31

觀照「氣味」

在這週，盡可能地經常留心氣味和香味。這在你飲食時可能最爲容易做到，但是在其他時候也可以試著這麼做。一天數次，嘗試像狗一樣嗅氣。如果在你的環境中沒有很多氣味，也許你可以試著創造一些你可以察覺的氣味。你可以在手腕沾上一些香草，或是在爐上的熱水裡煮一些肉桂、丁香等香料。你也可以試著點上一些香氛蠟燭，或是聞聞芳香精油。

提醒自己

在有幫助的地方，貼上「氣味」一詞或鼻子的圖案。

發現

我們鼻子後方感應氣味的細胞，和原始腦處理情緒、記憶的中心，這兩個部位只相距兩個突觸，所以氣味能引發力量強大的制約性反應——貪和瞋。即使我們沒有覺知自己已經偵測到某個氣味，仍然會產生這些下意識反應。直到我們失去嗅覺時，例如著涼的時候，我們才會意識到嗅覺的重要性。永久失去嗅覺的人可能會變得憂鬱，因爲他們也失去了之前對食物的享受。很多人會變得焦慮，擔心自己聞不到火災的煙味，擔心察覺不到自己的體味，或是擔心會吃下壞掉的食物。

練習觀照氣味的修行人會發現，自己的環境裡有很多的氣味，有些很明顯（咖啡、肉桂卷、汽油、臭鼬），有很多是更細微的（我們踏出户外時的新鮮空氣、自己臉上的肥皂或刮鬍膏、乾淨床單）。他們還發現氣味可以引發貪、瞋等情緒。

我們稱作味道的豐富體驗，絕大部份都是出於我們的嗅覺。我們的舌頭只能接收少數幾個感覺：鹹、甜、酸、苦、鮮（動人的滋味，像是肉裡或醬油裡的味道）；而我們卻能夠分辨數千種氣味，某些物質小到一分子的氣味都能被分辨出來。研究顯示，女性的嗅覺比男性更爲靈敏。女性可以爲了誘惑男性而擦香水，但是這努力可能白費了，因爲男性所選擇的喜愛香氛是烤麵包、香草、烤肉等氣味。

實際上，沒有「好」或「壞」的氣味。對於周遭的常見氣味，我們會變得習慣。當我住在非洲的時候，周圍的人有一種強烈的氣味，是由汗水與木材煙味混合而成的氣味。對從一出生就處在這個香氣中的孩子來說，這無疑是個讓人感到安慰的氣味。但對他們而言，我可能聞起來很古怪，他們可以在黑暗中就嗅到我來了。

東西方初次相會時，每天洗澡的日本人很不喜歡歐洲人的氣味，因爲歐洲人食用乳製品又不常洗澡，所以他們把這些客人稱作「臭奶油」。人不太會察覺自己的體味；其他人可能會出乎意料的告訴我們：你該洗澡了，或是告訴我們有專屬的、甜美的氣味。正如同我們沒有注意到自己身體的氣味，我們也沒有注意到自己性格的「氣味」。這對別人會有什麼影響？

深入課程

我們大部份行爲都受到下意識制約所主導。我們若是碰見一個人，他的長相、衣著、說話神情、甚至氣味，都像是曾經在我們童年時期傷害過我們的人，我們會對這個無辜的人立刻感到莫名的憎恨。這和他們完全無關，只是一個電流現象，身體感受印象造成了神經元發射，並與腦中儲存過去記憶和情緒的處所相連。

轉化這些習慣性模式並不容易。首先，在身體感受、念頭、情緒生起時，我們必須引入覺知之光，我們必須仔細觀看感受和感覺基調的交會處，這是會啓動一連串反應並最終帶來念頭、情緒、言語、行爲（即佛教徒所說的「業」）的晶種（晶芽）❶。

感受、感覺基調、感知、行爲，這個串聯發生得如此迅速，以致於很難見到它的一步步發生。但是在與氣味相關時，人能夠理解這個連鎖事件。

假設你踏出戶外，做一個深呼吸。你察覺到一個氣味，並且在內心感到畏縮了一下。爲什麼？在化學粒子觸及你鼻子內部的時候，你嗅到某個氣味，在你的心知道這是什麼之前，已經形成一個負向的感覺基調。接著你的心試圖分辨這是什麼——「哦，狗大便。」這是感知，接著是有意的行爲，你可能會說：「是哪個白癡讓他們的狗在我的草坪上亂大便?!」或者，你只是走回屋內拿一個塑膠袋做清理。

對於我們的心理情緒狀態和行爲，氣味的影響強大。氣味能夠喚起回憶和過去的反應。例如，你父親所使用的特定古龍水，這氣味可以令你或是快樂感動，或是易怒疏遠，端賴你和你父親的關係如何而定。心理學家有時候會使用令人作嘔的氣味，去消除條件反射的毀滅性衝動或破壞性行爲，例如對色情雜誌或色情電影上癮。

對於氣味的正向條件反射則能有所助益。在禪堂使用燃香的其中一個原因就是：在燃香的香氛和寂靜專注的心態之間，會逐漸形成一個強大的連結，於是你一進入具有香氣的大殿時，你的心就會自然安住。僧人在長期禪修中，會對氣味變得極其敏銳，以致於他們可以憑藉香味而知道這一座的結束時間已經到了——香燃燒到香爐內的香灰堆積處時，氣味會改變。

在心很寂靜且極少有其他感受輸入時，我們對於香氣就會變得非常警覺。某夜，我坐在日本一間寺廟外，在寺院巨大竹林的深邃夜色中，那是禁語閉關的第七日，經過兩天的颱風豪雨之後，空氣清新。我的心全然寂止，覺知開闊。我能聽見一片竹葉輕柔地飄落，落下，落下。我逐漸察覺到一股細微的馨香氣味，這是來自竹子香氣。之後我再也無法聞到那個味道。我會永遠記得那股細緻的香氛，而這份記憶會喚起我那晚殊勝的安詳寂靜。

---

❶晶種，或稱晶芽、籽晶等，可以長出水晶的種子。

結語

在最細緻愉快的各類禪修之中，其中一種就是禪修對氣味的完全覺知，覺知氣味在每一次吸氣和呼氣之時的變化。

練習 32

每一次相處都視爲最後一面

一天數次，只要有人跟你講話，無論是面對面或是通過電話，都提醒自己：這個人今晚有可能會往生，這也許是我最後一次和他在一起了。注意你聆聽、講話或與他們交流的方式是否有何改變。

提醒自己

在你浴室鏡子上，就在你自己影像出現的上方或下方，貼上字條：「這個人隨時有可能往生」。在你的電話或辦公桌附近，在你和別人交流時可能見到的地方，也貼上類似的字條。

發現

起初，有些人會覺得這個練習有點令人沮喪，但他們很快就發現，一旦他們覺知到自己和自己正在說話的那個人、自己和他人終究不免一死時，聆聽和注意的方式變得不同。他們的心胸敞開，因爲他們知道這可能是他們最後一次見到這個人活著。當我們和人說話時，特別是對我們每天都會見到的人，我們很容易分心，只有半個人在聽。我們往往看著旁邊或是下方的某個東西，而不是直接望著他們。在說話被打斷時，我們甚至可能感到惱怒。藉由瞭解他們可能會死，這才令我們重新看向他們。

當跟你說話的人上了年紀或是生病時，或是正好最近有你認識或摯愛的人往生時，這個練習變得尤爲深刻。日本人向別人道別時，他們會恭敬地站著，持續地注視和揮手，直至汽車或火車離開視線範圍爲止。這個習俗源自於覺察到這可能是雙方最後一次相見。如果我們在和自己孩子、伴侶或雙親的最後一次會面中添加了不耐煩或怒氣，那會多麼令人難過！如果我們有好好地說聲再見，那會多麼讓人感到安慰。

深入課程

雖然疾病、年老、死亡會降臨到出生在這世界上的每一人身上，但是我們過日子的方式，卻彷彿這並不會發生在自己和自己所關愛的人身上。我們不願承認人類生命其實相當脆弱，而且死亡隨時都會降臨。這個練習有助於我們破除自己對此的否認。現實是，只要我們的血鉀濃度有些微變化、或有個致命病毒、迎面而來的駕駛在打瞌睡，或是我們心臟有個不尋常的電流模式，我們拒絕承認的事實就會成眞。這個否認的帷幕偶爾會升起，使我們得以見到人類生命的脆弱性，例如同事或家人被診斷患有致命疾病，或是與我們同年或較為年輕的人突如其來死去的時候。

當然，我們不想在自己的腦袋裡灌滿因為可能死亡而持續焦慮的念頭。然而，覺知無常確實有助於我們珍惜每天所見到的人。當帷幕拉開，我們體會到每一個人的壽命其實都很短暫的時候，我們的交談會有所改變。我們對人說話的時候，不再有其他念頭佔據半顆心，而是在每個會面時更能處於當下。這個安靜的關注或敬重，在凡夫世界中並不尋常。

我們每晚入睡時，都堅信自己將會醒來。一旦我們了悟自己也可能在今晚死去，就更能夠處於當下，更能精神抖擻地度過生命的每一刻。

在我們的禪寺，在禁語閉關期間每一天結束時，會做一個唱誦。在這週每晚入睡之前，也許你也會想要作此念誦：

讓我尊敬地提醒您：
生命和死亡極端重要。
時間飛逝，機會流失。
今日過去時，我們的生命又少了一日。
我們每個人都應該奮力覺醒。
覺醒！
留心！
不要虛擲你的人生！

結語

覺知死亡能開啓我們對生命這獨一無二、鮮活時刻的覺知。

練習 33

冷與熱

本週注意冷熱的感受。留意對於溫度或溫度變化，是否會有任何生理上或情緒上的反應？

練習在一切溫度中都保持自在。

提醒自己

你可以放上一個有溫度計圖案的小標識，或是寫著「冷熱」的標語。

發現

我們在做這個練習的時候，觀看自己對於溫度超出某個小範圍就心生嫌惡的態度。每一個人的範圍不同，我們會抱怨：「太熱了！」或「太冷了！」有如事情不該是這樣的，就好像太陽、雲、空氣一起密謀要讓我們感到不舒適。我們總是不斷在調整溫度：打開或關上暖氣和空調、開關門窗、穿脫衣服。我們感到滿意的時間從不長久。若是溫度升高超過三十二度，我們就渴望有涼爽的天氣；在寒冷下雨的冬季，我們又渴望有太陽。

我還記得童年時期在密蘇里的夏天。我們上車時，塑料皮面的椅子燙腿；而我們下車時，會留下成灘的汗水。我們在戶外玩耍，汗流浹背、黏黏膩膩的，卻從不抱怨。事情原本就是如此。有幼小孩子的家長會注意到，當他們去海邊時，無論海洋溫度爲何，孩子都會跑進水裡盡情玩樂。我們成長時是發生了什麼，致使我們難以容忍事物的原本狀態？

有一次，我們在八月的日本進行和平朝聖。那時的日本，踏出門外就像是踏進桑拿房裡，不到幾分鐘，我們就會大汗淋漓，以致於衣服全濕。幾個小時之後，鹽巴會包覆身體，在衣服上印下一圈圈的白色痕跡。很難不去發洩我們的不舒服。但是我們注意到日本人，無論老少，依然平靜過日子，顯然不受影響。這啓發我們放下抱怨之心，單純地處於當下，與事物如實共處；感受不過就是感受，有濕的地方和乾的地方，外面炎熱而室內涼爽，令人發癢的汗水騷觸……心加諸於我們的痛苦被拔除，我們變成更快樂的朝聖者。

一次閉關期間，有一位女士過來跟我說，雖然她已多穿了好幾層的衣服，還有一個熱水瓶，但她還是一直覺得寒冷。她也發現自己對於寒冷的感覺有很大的恐懼。她知道這個恐懼並不理性，而一直在尋找這個恐懼的根源。後來她想起二十年前的一次意外，那時她碰到心臟方面的問題並感到非常寒冷。

我請她仔細掃描她的身體，告訴我有多少比例的身體並不感到寒冷。幾分鐘之後，她驚訝地回覆，她百分之九十以上的身體都感覺得溫暖，甚至是熱。她明白了只有百分之十的身體覺得寒冷，但這卻產生出百分之百的恐懼。之後她說，她心裡的一個重擔卸下，那是維持了數十年的恐懼，而現在她能夠輕而易舉地忍受不同的溫度了。

我也曾注意到，有某個乘客進入我的車子裡，車子都還沒發動，他就已經伸手過去打開冷氣。這就好像是我們還沒品嚐食物，就急著往裡面加鹽。我們機械性地過日子，努力將自己與一切的不舒適隔離開，甚至在它都還沒來臨之前就這麼做。於是，在我們所不能接受的更寬廣範圍體驗中，我們失去了可能會有新發現的喜悅，我們失去了探索的自由，甚至失去快樂。

處理不舒適有一個很重要的方式，就是停止逃避。你直直地走向它，從體內感受什麼是眞實的。你研究這個不舒適——它的大小、形狀、接觸面的質感，甚至是它的顏色或聲音。它是持續的或間隔的？當你如此注意的時候，當你禪定深入時，我們所謂的不舒適或疼痛開始轉移，甚至消失，成爲在虛空中單純出現和消失的一連串感受，瞬生瞬滅，極爲有意思。

在日本，禪堂在冬季沒有暖氣，窗戶打開，完全像是坐在戶外，只不過你不會淋到雨、雪而已，至少不會淋到很多。在二月的一次長期閉關中，我穿上行李箱裡的每一件衣物，層層疊疊的，我甚至難以彎曲膝蓋坐下。我的皮膚冰冷，即使是讓注意力短暫停留在外露的臉或手上，也是件痛苦的事。在傳統的禪宗閉關中，大家在禪堂用餐。我吃東西的時候，必需用眼睛看，以確定筷子還在我凍僵了的手指上。我完全無法擺脫這個不舒適，唯一能做的，就是將覺知不動搖地，深深定在我的腹部，亦即能量源頭的丹田，也就是身體的中心。這是次影響強大的閉關，使我理解了爲何尊貴的原田祖岳（Sogaku Harada）禪師會堅持他的寺院都建在雪鄉深處。

我們耗費如此多的精力，要讓外在環境迎合我們，然而，我們不可能無時不刻都保持舒適，因爲萬事萬物的本性就是會有所改變。這個企圖掌控正是令我們身體疲憊和情緒苦惱的核心。有一個禪宗公案與此有關。一個和尚問洞山禪師說：「冷熱降臨在我們身上，如何能夠避開？」道忍回答：「你爲什麼不去沒有冷熱的地方呢？」和尚感到困惑而問：「沒有冷熱的地方在哪裡？」道忍說：「冷的時候，就讓它冷死你；熱的時候，就讓它熱死你。」❶

在這個教授中，「殺死你」的意思是殺掉你對於事物應當如何如何你才會快樂的想法。這聽來也許有點古怪，但是你能夠在不舒適或疼痛的狀態下修持正念，同時感到頗爲快樂。這快樂來自於單純處於當下的愉悅，也來自於你正獲得的信心——相信在正念等工具的幫助下，持續修行將會使你最終能夠面對生命中所發生的一切，即使是痛苦。

---

❶瑞州洞山悟本良价禪師，公案見於《碧巖錄》第四十三則（大四八・一八〇上）：「僧問洞山：『寒暑到來，如何迴避？』山云：『何不向無寒暑處去？』僧云：『如何是無寒暑處？』山云：『寒時寒殺闍黎，熱時熱殺闍黎。』」

結語

當你的心說「太熱」或「太冷」的時候，不要相信它。研究整個身體對於冷熱的體驗。

練習

34

承載著你的大地

盡可能經常地覺知大地就在你的下方。透過視覺或觸覺來覺知，特別是你腳底的觸覺。當你在室內時，可以運用你的想像力，「感覺」大地就在你所在的地板或建築下方。

提醒自己

在你環境中的合適地點，貼上寫著「大地」或地球圖片的提示。你也可以在書桌、廚房工作臺、餐桌上，擺上一個裝有泥土的小碟。

發現

在寺院裡，我們決定每天一起床就以額頭觸地，作爲這個正念練習的開始。這一開始看

來是個古怪的練習，但是最終大家都能體會，並感激這個練習。雖然作爲禪修的一部份，我們每天會做很多的跪拜（用頭觸碰禪堂的地板），但是這個晨間練習具有一種尖銳的脆弱感，是我們在每天的其他跪拜中所經驗不到的。起床、站起、立即跪下、用額頭碰地，這幫助我們以謙卑和感激之心開始一天的活動，因爲大地支撐著我們。我們結束一天的時候，在上床睡覺前同樣禮拜，這是對於一直支撐我們的大地表達認可和謝意。

我們人類一整天都在地球表面上行走或駕駛，而我們卻完全沒有察覺到這個作爲我們生活舞臺的巨大球體。我們對於地球向我們行使的重力，也同樣缺乏覺知。覺察處於我們下方的大地，它支持著我們的每一個步履，作爲我們生活的基礎，這對很多人都深具鼓舞之情。

當我們自鳴得意、散亂、深思的時候，很容易就失去平衡。如果我們的注意力通過腳底延展至大地中，我們會感到生了根，更有穩固感，且較不受念頭、情緒或出乎意料的事件所動搖。

一行禪師曾寫道：「我喜歡獨自走在鄉間小路上，兩旁是稻子和野草，每一步都在正念之中落於大地上，知道自己正行走於美妙大地上。在這些時刻，存在是個神奇奧妙的現實。人們通常認為在水上行走或在空中行走是奇蹟，不過我認為，真正的奇蹟是行走在大地上——這是一個我們甚至沒有辨認出的奇蹟。」

深入課程

佛陀給予他的兒子羅睺羅指示：「讓禪修如大地。如同大地一般，無論接觸合或不合的事物，大地皆不受其所擾。因此，若你能如大地般禪修，你也不會受到喜惡的經驗所干擾。」

佛陀觀察到，你能把一切液體澆到大地上，無論是宜人的玫瑰水或是令人不悅的污水，大地都保持堅實不動。無論我們人類創造出什麼——美麗或戰爭，無論在我們所處星球的地表上發生了什麼，大地都一直支持著我們，大地牢固地躺在我們下面。正念、禪修、禱告具有力量，能夠訓練我們的心靈安住在同樣穩定、不受擾亂的狀態。

當然，知曉大地穩定不動的品德，並不表示我們就應該無視我們星球的健康，或讓其遭受到污染。然而，不讓對環境的憂慮毒害自心，這也很重要。某次，我的禪宗導師博雄禪師在阿根廷的布宜諾斯艾利斯參加一個關於環境意識的國際會議。他從來沒有對環境議題展示過什麼興趣，所以我們（他的學生們）感到很高興，覺得這個會議也許能夠給他一些教育。當他回來時，我們問他學到了什麼。他告訴我們，會議是在環繞一塊公共綠地的一群大學建築物中舉行。他整個星期都在看這些環保積極人士是如何抄捷徑踏過草坪，而不是走在步道上，最終小公園成了一片土海。對他而言，這是一個展現無明的活生生範例，這種無明位於所有人類問題的根本處。當每一個人都在高談並苦惱如何使人類更關愛地球時，卻同時忽視了草地。

我們可以對一個問題做很多的思惟和議論，但是如果這令我們不能處於當下，或令我們不能發展無染污之心，那麼我們追求解決的問題就永遠無法獲得答案。

結語

如果我能對腳下的整片大地保持持續不斷的覺知，並且也覺知到自己只是在地表爬行的微小、短暫易逝、會活動的小塵垢，那麼也許我就不需要其他的修行了。

練習 35

觀照「嫌惡感」

留心嫌惡感，即對某物或某人所升起的負面情感。這可能是溫和的感覺，例如厭煩，或是強烈的感覺，例如憤怒和憎恨。試著觀看在嫌惡感升起之前，發生了什麼？產生了哪種感觀印象——景象、聲音、觸覺、味道、氣味或念頭？一天中的第一個嫌惡感是在何時升起的？

提醒自己

在可能產生反感的地方貼上「覺知嫌惡」等字，例如在你的鏡子、電視、電腦螢幕、汽車儀表板上。你也可以使用某人蹙眉的小相片。

發現

我們在做這個練習的時候，會發現嫌惡感比自己知道的更經常出現在我們心理和情緒中。它可能拉開我們一天的序幕，在鬧鐘響起時升起，或是在我們起床感到背痛時升起。嫌惡感的產生可能是因爲晨間新聞中的某個事件，或因爲地鐵或加油站的大排長龍，或是由於與家人、同事、客戶的會面而生成。

有一次，我在車裡等我先生從屋裡出來。我無所事事地張望。透過車窗，我注意到圍欄附近長出很多長長的蒲公英，正要播種。瞬間我升起了一個衝動，我想要跳到車外，抓起修剪工具，把它們狂打到聽話爲止。這個衝動伴隨著這個想法：「打掉它們的頭！」我領悟到這是憤怒的種子，是在這地球上挑起一切戰爭的種子，這個種子潛伏在我心中。我並不憎恨蒲公英，它們明亮的金黃面容是很棒的禪修對象。近看的時候，它們能夠相當迅速地改變我們的負面心態。但我也無意讓它們茂盛生長。不過如果我要修剪那一部份的草坪，一定要等到我並非以嫌惡之心來做的時候才去修剪。我也許會開著割草機，做如下的修持：感激蒲公英的生命，爲以草爲家的一切眾生修慈心。

深入課程

發覺嫌惡感普遍存在，這可能會讓人感到驚愕，甚至是在我們可能認作是生命中快樂的一天時，亦是如此。然而，非常重要的是，應當察覺到厭惡之情在我們日常生活中是無所不在的。

「瞋」是佛教傳統所說的三種煩惱心態之一；三種煩惱心態是貪（或執著）、瞋（或拒斥）、癡（或無明）。之所以被稱作煩惱，是因爲它們折磨我們的方式，就像是病毒般折磨我們，造成了苦惱和痛苦，不只是對我們自己而已，對那些我們周圍的人也是一樣。

瞋是憤怒和攻擊的潛藏泉源，起自這樣的想法：如果我們能夠去除某個東西或某個人，我們就會變得快樂。我們人類爲了令自己快樂而希望除掉的東西，可以小至一隻蚊子，大到一個國家。

沒有多少想法會比這個想法更荒謬可笑，「如果我能隨心所欲地安排人事物，那麼我就會變得快樂。」這很可笑的原因至少有兩個。首先，即使我們有能力把世上的一切都變得完美無缺、完全符合一己之意，那個完美也只會維持一秒鐘的時間，因爲世界上所有其他人對事物應該如何，各自會有不同的想法，並會努力使得事情符合他們的想法。我們的「完美」對別人而言，並非完美。其次，將完美強諸於世界之上，註定會失敗，因為有無常這個眞理——沒有恆常不變的事物。

有時候，當我在寺院四處走動時，會注意到內心有一絲細微的意趣，是個微弱但普遍存在的嫌惡感。這來自於我自認為是我工作的一部份，就是注意有什麼需要修復或改變的，這來自於注意不完善之處。當這樣的留意使得我的心態變得尖酸刻薄時，我就必須令自己轉換至「欣賞事物的原本樣貌」一陣子。

無論環境為何，無論環境如何變化，正念修行都能幫助我們變得自在。正念要求我們見到一切事物的完美，要求我們覺察到嫌惡感，並且以欣賞和慈心作對治。

結語

佛陀有一句名言：「依靠瞋不能停止瞋，但單靠慈愛卻能做到。」覺察到內心的瞋，並且運用修慈心作為對治。

練習 36

你忽略了什麼？

一天數次，停下一切並留意那一刻自己的注意力是放在哪裡，然後敞開你的感受，查看是否能發現有什麼是自己一直沒有注意到的。我們的注意力通常是有選擇性的。有什麼是你忽略的？

提醒自己

在你的環境周圍貼上提示字條：「忽略？」（別忽略了字條！）或許你也可以設一個鬧鈴，幫助你一日數次停下來做這個練習。

發現

我們過日子的時候，其實關注範圍很狹隘。我們會留意鬧鈴聲，留意我們內心對自己當日該做事情的叨叨絮絮，留意電視或電腦屏幕上所播放的東西，留意我們手機的聲響。只有在有什麼不尋常事件發生時，我們的注意力才會變得寬廣。砰的一聲巨響！於是耳朵豎起。是車子逆火❶還是開槍的聲音？或是天氣突然變化？於是數週或數個月以來，我們首次看向天空。

當我們停下，刻意擴展我們聽聞、瞭望的範圍時，我們發現自己漏掉了這麼多正在發生的事物。我們一直都將電冰箱的嗡嗚聲、交通的聲音、對我們腳下地面的感覺、天空中太陽的位置、地板上舖設漆布的眾多顏色隔離在外。我們或許會注意到，當我們拓展注意力範圍的時候，有放鬆和如釋重負的感覺，就好像維持狹窄的注意力需要耗用大量精力一般。

我們不可能同時完全關注兩個東西（除非我們的心靈受過非比尋常的訓練）。試試看，將注意力完全放在你的腳底，感覺溫暖、刺痛、壓力等等的每一個感受。注意感受在何處最爲強烈，在哪裡是沒有感覺的。接著試著維持這個覺知，同時默默地從一百回數，每次跳七個數字。你能感到心試著同時保持對這兩邊的覺知，在腳和心算中交互跳動。

如果我們的心不是被設計來同時完全關注兩個對象，那麼我們就會一直忽視很多東西。

例如，在大部份時間中，我們都忽略了自己的呼吸，而是讓身體自行呼吸。當人們初次開始修持正念呼吸時，亦即把心的注意力帶入呼吸這個簡單的動作中，這時他們卻可能鑽牛角尖地試圖理解什麼是「正常的」呼吸。應該多長或多深？應該只動到胸膛，還是腹部也要動到？他們必須學習不干擾呼吸或是強行呼吸，而是讓自心觀看呼吸，有如在夜晚熟睡時觀看自己呼吸一樣。

當我們將注意力放在呼吸上的時候，我們無法分心憂慮其他種種事情，這就是為何禪修呼吸能夠降低血壓和減輕壓力。

深入課程

當我們需要集中注意力完成任務時，也許必須忽略衝擊我們眼睛、皮膚、耳朵的無數影象、感覺和聲音，例如在考試前讀書時，撰寫一封敏感的電子郵件時，或是試圖在打電玩遊

❶或稱回火，引擎因點火過早而造成的爆發。

戲獲得高分的時候。但是，阻礙那些感覺會耗用精力。當我們能夠掀開那些無形的保護罩，對周遭一切打開我們覺知時，就有如踏出擁擠、發黴的房間，處於一片高山大草原上。眼科醫師告訴我們，如果我們長時間集中焦點在鄰近的物體上，例如一本書或是螢幕上，我們會需要每隔一段時間就看看遠處的某個東西，以便讓眼睛恢復精神（並且保護視力）。同樣的建議也適用於我們的心。我們需要讓心經常走出它的狹小牢籠，讓它盡可能的拓展到最遙遠、最寬廣的地方。

當我們留意自己的注意力是放在何處時，也就是當我們觀看自心是在注意什麼的時候，我們會發現，自己的注意力範圍通常都頗爲有限。同樣的，我們的世界觀是以自我爲中心。「自我中心」在佛教並不是一個具有貶義的詞彙，而只是一個單純的敘述：所有人類都會自然地以自己爲注意力的中心。特別是，我們大部份的注意力都投注於追求能帶給我們歡樂的事物上，避免有可能讓自己危險或不愉快的事物，對於其他的一切則予以忽略。我會追求美麗的女孩，避開無家可歸的流浪漢，忽略結帳時站在我旁邊的人。

當我們禪坐或投入默禱時，我們會放下追求或躲避的心理框架。我們承認，在自己忙碌的一天當中，忽略了這麼多的事物。我們有意地敞開自己的覺知，盡可能寬廣地容攝一切，就其本來面目的納受：我們呼吸時肋骨的移動，通風系統的嗡鳴聲，離開房間的人所留下的香水味，腦海裡出現抽屜裡那條糖果的影像。我們察知這一切，沒有內心的對話，沒有評論或批判。我們會注意到，一旦內心的對話開始，我們對於感受的覺知界就會驟然關閉。於是我們平息內心的聲音，再次打開我們的覺知。

在禪宗，這稱作「無知」，是一種特別的無明，是很聰穎的一種無明。當我們安住在這無知中的時候，會開啓很多的可能。我們也許會聽見自己之前未曾注意卻一直存在的聲音——蟋蟀的唧唧叫，或是正要開始的一場小雨。我們甚至或許會聽見內心有個安靜的聲音，告訴我們一些重要的事實。

結語

至少一天一次，停止試圖知道些什麼，停止嘗試去做些什麼，以作爲一個重新提振精神的休息。打開你的覺知，單純地安坐在「無知」之中。

練習

37

風

覺知空氣的運動，包括明顯的形式，例如風，以及不明顯的形式，例如呼吸。

提醒自己

在家裡和工作處會有幫助的地方，貼上「風」字。

發現

風有很多形式，從強風到輕柔的呼吸。如果我們在一整週的期間牢記這個練習，一天數次地打開感覺，我們將會開始注意到，空氣移動較細微的方式。人們製造風——在你呼吸的時候，當你嗅東西的時候，當你輕吹一杯熱飲的時候，當你嘆氣的時候，會有空氣的移動。

在你走動的時候，會有移動的空氣觸及你的身體，即使是在室內也是一樣。很多電器都有空氣在裡面移動，例如烘衣機、微波爐、冰箱等。

有人注意到，有一陣清涼微風拂過的時候，他的身體比他的心更早感受到這陣涼風，並在皮膚上起了雞皮疙瘩。即使我們沒有察覺到環境，在我們失去意識或睡著時，在我們對環境懵然不覺的時候，我們的身體還是會對環境有所覺知。身體會有所活動以保護我們，方式就是豎起我們的毛囊，造成貼著皮膚的一層隔離層，有如一件薄薄的羽絨外衣。有些年長法師指出，這就是我們本具佛性的一個範例，這個佛性一直持續地照料我們。

當我們的感受變得愈來愈細緻時，就會發現，只要自己一動，就會造成空氣的活動。講話是空氣的活動，任何聲音都是空氣的活動。有位水手向我們解釋道：風不停地環繞整個地球。他在船上的時候，他對於風和風所帶來天氣具有非常敏銳的覺知，因爲在大海中要是不知道這些，就可能意味著死亡。在強風中，他的船必須正對著風前行，否則可能在瞬間就被弄翻。

學習航海包括學習「閱讀」風，方法是注意水面的微小改變，或是旗子、舵角指示器

（掛在船上的一塊布）方向的微小改變。如果沒有可視的旗子或舵角指示器，水手可以利用觀察海鷗等岸鳥的方向來研判風向，因爲岸鳥通常會正面迎風而立，以避免羽毛被風吹亂。這個正念練習引發我們培養這種對善變之風的敏感性。

深入課程

我們怎麼知道有風存在？花點時間，思考一下這點。

我們體驗到「風」的方式有四種：感受到風的觸碰，感受到溫度的變化，見到風移動其他東西，從其他物體中聽見風的移動。我們所稱的風其實就是變動，我們所見到的變動（葉子移動），我們感覺到的變動（較涼爽的皮膚），或是聽見的變動（嚎叫聲）。我們只能間接知道風的存在，透過從我們皮膚、鼓膜、視網膜所傳導的神經衝動而知道。實際上，我們所感知的一切全都是如此，我們無法直接知曉實相。因爲我們對其他事物的覺知全都是透過我們神經系統的電子脈衝而生成，所以完全沒有辦法證明有任何其他事物的獨立存在。

當心處於深深安靜的狀態時，什麼都可能引發突如其來的覺醒，甚至是風也可以。山田無文（Yamada Mumon）禪師在年輕的時候，因爲罹患肺結核而病得很重。醫生說他會死，並且放棄了對他的治療。於是他獨居數年，任憑死亡擺佈，他的心逐漸變得寂止。在一個明亮清澈的夏日，他見到花園裡有些受風吹拂的花朵，而深深醒悟到有一個強大力量的存在。他領悟到，他自己和所有眾生的生命都是由這廣大能量所賦予的，這個能量懷攝他，並且透過他而延續下去。他寫下下面的這首詩，不久之後，他的致命性疾病就痊癒了：

含攝萬事萬物
在這宇宙心中
涼爽風兒述說
於今日的早晨

無文禪師所謂的「宇宙心」有很多的稱呼。它無邊無界，遍及四處，遍滿時空。然而，它唯有示現在一個個的微小事物中：每一個呼吸，每一個聲音，飄盪在風中的每一瓣落花……。

結語

有一個細緻的正念修行，就是覺知鼻孔裡的呼吸。試試看，做上幾個小時。完全沒有風險，只可能更加覺知我們生命結構的細微變化。

練習 38

如海綿般地傾聽

有如自己是一塊海綿般，傾聽別人的話語，完全吸收別人所說的一切。讓心變得安靜，只是聽進來，在心裡不做任何回應，直到別人要求一個回應或需要一個回應爲止。

提醒自己

在相關地點貼上「如海綿般傾聽」等字，或是耳朵和海綿的圖案。

發現

在寺廟裡，我們稱這個練習是吸收式傾聽。而且我們發現，對大多數人而言，這不是一件自然而然的事情。有些人，例如音樂家，他們受過訓練，用吸收式的注意力聆聽樂音，但這並不表示他們就能以同樣的方式傾聽別人對他們講話。好的心理治療師會運用吸收式傾聽，他們能偵測出聲音語調或語氣的細微變化，這些變化指出比言詞更深層的東西，甚至是隱藏在言詞之下，一個埋藏淚水或怒氣而需要被探掘的頑固地方。

律師則受訓做相反的事情，特別是如果他們於法庭內的對抗性氛圍中工作。他們在聽的時候，會尋求別人話語中的瑕疵或矛盾處，同時在心中編造出反駁抗辯。這也許在法庭中有用，但是不適合用在家裡，對自己的配偶或孩子行不通，特別是對青春期的孩子。

練習吸收式傾聽的時候，即使不是律師的人也可能發現自己有個內在的律師——一個內心的聲音會說：「快點講完，我才好告訴你我是怎麼想的。」這會妨礙平靜、專心的聆聽。

人們也發現，當別人正在講話的時候，自己的注意力會無數次溜達去別的地方，甚至是一分鐘內都可以有很多次。心會飄到購物清單上，或是想著一個未來的約會，或是眼睛飄去注意一個經過的人身上。吸收式傾聽並不容易，是一個需要花時間學習的技能。

要做吸收式傾聽，就必須讓身、心靜止。這是行動中的正念，在變動、嘈雜的世界中，內心保持一個靜止的核心。當你仔細聆聽的時候，你會察覺自己的念頭也是聲音景觀中的一部份。你認出自己來來往往的念頭，就像是車開過的聲音，但不受其所擾。

如果你是在一個團體或一群人的陪伴和支持下嘗試這項修行，這個練習最有趣的層面之一，就是當作接受方——在有人對你做吸收式傾聽的時候，注意自己有何感受和反應。大多數人對於自己受到如此好的見證，都會覺得感激，他們感到備受重視。

在電影「來跳舞吧！」（Shall We Dance ?）中，有一幕一直讓我深受感動。一個結束婚姻的男子問：「人爲什麼要結婚？」他的同伴說：「因爲我們需要有人作爲我們生命的見證人。你會說『你的生命不會在無人注意的情況下就過了，因爲我會見證你的生命。』」

佛教徒有一個喚起悲心的課誦，強調在關懷他人時，傾聽所扮演的角色。「我們應當練習非常專注地傾聽，使得我們能夠聽到別人在說什麼，以及還有什麼是被保留而沒有說出的。我們知道，藉由深切的聆聽，我們已經減輕了別人很大一部份的痛苦。」

受過吸收式傾聽訓練的治療師說，這行爲本身就能觸發療癒。在某些治療中，治療師什麼都不說，只是在他們傾聽客戶說話的時候，任由智慧從客戶心中自行升起。

有一個學生成長在一個從來沒有人聽他說話的家庭，他說：有人全神貫注地聽自己講話，感覺就像是獲得「賜予生命的神糧」。有些人起初感到不安，因爲有人「只是」傾聽他們說話是件超出他們生活經驗的事情，他們一開始會覺得像是生物標本一樣受到詳盡盤查。

吸收式傾聽也能夠使你對於自心中的嚴厲聲音安之若素。當內心批評說出如下的荒謬話語時：「看看你的皺紋，我恨它們！你不應該變老！」你能夠只是覺知，但是既不相信，也不有所反應。

結語

吸收式傾聽本身就具有治療性質，而且你不需要心理學學位就可以實行。

練習 39

欣賞與感激

在一天之中，數次停下一切，有意識地辨視：在這一刻，有什麼是你能夠欣賞或感激的？可以是關於你自己、別人、你的環境，或是你的身體正在做或感受的某些東西。這是一場偵查，要有好奇心，詢問自己：「現在有什麼是我能欣賞或感激的嗎？」

提醒自己

在適當地點貼上「欣賞與感激」。

發現

很多人都曾經嘗試使用自我肯定的方式，讓自己變得更快樂或對未來更有信心，像是對自己重覆這些話語：「我值得被愛」或「今天是個好日子，我的一切願望都會實現」。有些時候，這些肯定或許會有用，但也可能遮掩了煩惱的心態，但現在這個正念練習卻不同。

練習欣賞與感激是一場探索。看看你在這一刻、在各個地方，能不能找到什麼可以帶來欣賞與感激的東西？我們察看，聆聽，感受。有什麼嗎？我們只要花一點時間，也許就會發現很多能珍視的事物，從自身乾爽、穿著衣服、被餵得飽飽的，到碰見一位和善的店員，或是手中一杯茶或咖啡的溫暖。

有一類可欣賞與感激的事物，是那些我們正面體驗的事物，例如肚子裡有食物。另一類可欣賞或感激的事物，則是沒有發生的事物，例如疾病或戰爭等，直到我們因其發生而受苦，我們才會對沒有它們感到欣賞和感激。當我們從一場重感冒中復原時，會有一段短暫的期間，我們會爲再次獲得健康而感到高興，爲自己不再嘔吐或咳嗽感到感激，爲自己能夠吃飯和走路感到快樂。直到我們曾經生病，我們才會對健康感恩；直到我們口渴，我們才會珍惜水；直到停電，我們才會感激有電。

這個練習幫助我們停下，敞開我們的感受，納受這一刻在我們生命中所擁有的一切。

深入課程

這個練習幫助我們培養喜樂。佛教對喜樂的詞彙是「幕帝塔」（梵文，muditā），意思不只是單純地欣賞和感激令我們感覺良好的事物，還包括我們對於他人喜樂和幸福所感到的快樂。如果他人是我們所愛的人，則不難感受到這個喜樂的特質。例如，若是我們的孩子對一個新玩具感到快樂不已，我們很容易就能分享這孩子的快樂。然而，若是我們討厭或嫉妒的人，得到我們自己想要的東西，例如獲得公開表揚或得獎，這時會如何？我們對於他們的歡喜也能感同身受嗎？這就不是如此容易了。

你是否曾經注意過心是如何關注在不順利的事情上？不管是我們自己的不順，周遭之人的不順，我們工作的不順，或是整個世界的不順。我們的心就像是一個律師，他在審閱「我的生活」這個合約，一直吹毛求疵，尋找有違合約之處。心深受負面事物的吸引。只要看看新聞就知道了。吸引讀者或觀眾注意力的是自然災害或是人爲的災難、戰爭、火災、槍擊事件、炸彈攻擊、回收可能造成危害的玩具或汽車、傳染病、醜聞等。我們的心爲什麼受到負面事物的吸引？因爲心不需要爲可能發生的好事擔憂。假如有什麼好事情發生，那棒極了！

但是心很快就會把這些擱在一旁。心所關心的是如何保護我們免於壞事、危險事物的侵害。

不幸地，這表示我們的覺知開始受到負面性渲染，而往往我們甚至還不知道有此染污。如果我們沒有察覺到自心這個細微的悲觀傾向，它就可能在不經意中增長，帶來恐懼、憂鬱等等的黑暗心態。若是我們要矯正這個傾向，轉離細微的負面心理習性，對自己的生活變得更知足，就需要「幕帝塔」作爲對治。

結語

博雄禪師總是告誡我們：「欣賞你的生命並感恩！」（他指的是包括我們每一天的日常生活，以及自己偉大的生命，這兩者密不可分。）

練習 40

年老的跡象

這週，將注意力轉向你自己、他人、動植物，或甚至非生物的年老跡象。我們怎麼知道某人或某物正在衰老？

提醒自己

在相關處貼上「老」字或是老人的圖片，特別是在浴室鏡子上。

發現

在我們寺廟裡，這個練習產生出諸多深入的見解，並且引發了很多朝氣蓬勃的討論。一旦我們開始注意，就會發現年老的跡象無處不在。水果腐爛，花瓣枯萎凋落，建築物坍塌，車子生鏽。差不多在三十歲的時候，年青人開始抱怨自己的身體不再如同過去年輕時那樣活動自如，而且復原力下降。我記得曾經有一次扭傷腳踝，過了一個月都還覺得刺痛，而且站不穩，我對此憤慨不已，爲什麼我的身體不能像從前一樣照著心的要求去做？我仍然期望疼痛能在一夜之間就消失無蹤，就像是在十幾歲的時候一樣。

一位而立之年的人回饋說，他不喜歡被稱作「男人」。他的心會說：「不，我的父親才是男人，我不是。」要是看見幾根白頭髮也會讓他感到不高興。很多年輕人都承認自己不想「長大」，不想爲這個複雜且快速變遷的世界承擔任何責任。似乎有多到讓人手足無措的眾多選擇，而眞正能夠做點什麼去改善的可能性，卻又似乎微乎其微。

人們在約莫四十歲的時候，會發現自己的生命已經少了至少一半。他們也許會評估現況，然後自問：「在我仍能掌控這個身心的時候，還有什麼是我想做的？有什麼夢想是我想追求的？」在約莫五十歲之後，很多人表示，他們看著鏡中的自己，驚訝地發現見到了自己的父母、或甚至是祖父母回目而視。我怎麼變得這麼老了？他們向下看到自己手上的皺紋時，感到震驚不已。（它們在我不注意的時候冒了出來！）或是在無法打開一個較緊的罐頭時，或是在晚上提前數小時就累得想癱在床上時，感到沮喪不已。

一位七十多歲的女士說，她盡量不去看鏡中的自己，因爲她會注意到的只有自己的皺紋，而她憎恨這些皺紋。我們詢問共修小組，「有多少人在跟貝蒂講話的時候，會注意到她的皺紋？」沒有一人舉手。貝蒂驚訝地發覺，唯一會對皺紋感到不悅的，就只有她自己內心的批評之聲。然後有一人說，「我注意到它們，是因爲我覺得它們看來十分美麗。」

產生沮喪是因爲我們的內心年齡和身體年齡不相符。有人推測，我們的內心年齡卡在自己一生最快樂的年齡時段中。一位男士說，「我以前以爲，年紀愈大，自然會變得愈有智慧，但我現在認爲，不經過努力就不會變得更有智慧。」有人問他如何才能做到，他說：「我想，你必須開始眞正留意。」

深入課程

這個練習的核心是對於無常更具有覺知。萬事萬物都在不停地衰老和分崩離析。我們必須愈來愈努力，才能讓它們維持在一起。有一次，我在一間完美無瑕的美麗房子裡作客，年長的主人有財力將屋子鉅細靡遺地維持在最佳狀態。然而，他們因爲年紀大了，無法親自下來地下室的浴室，在這裡，我注意到馬桶蓋上有一個地方的漆已經脫落，我的腦海裡隨即出現這間美麗屋子的快轉畫面——數十年無人照料之後，房子破敗，成爲廢墟。

有一個做這個練習的人說，「我試著覺知正在衰老的一切東西——這杯茶、這片餅乾、這塊地毯。然而，當我的覺知向外敞開，擴及一切的時候，卻生起了恐懼，於是我的心又關上了。」的確如此。

有一位男士想要找出到底是什麼感覺讓他明白自己有多老？是一個觸覺、溫度、聲音，還是味道？他找不出來。對於年老的想法取決於比較。若是你不做比較，就只會有感覺，而沒有關於年紀的附加屬性。我的嗅覺不如以前靈敏，我知道的只有這個。只有在我的心回想起過去自己曾有「更好的」嗅覺，接著哀悼這個損失，只有在這個時候，我才因此受苦。

我們比較能夠欣賞別的生命體的變遷。手持一粒小小番茄種子的時候，我們會感到歡喜；初次見到綠色嫩芽時會感到興奮，接著品嚐它所生出的紅色多汁果實。當我們的番茄樹枝葉變成乾枯的深褐色時，我們不會覺得受到背叛，我們甚至享受將枯死的枝幹拔起，加到堆肥裡的過程。很難這麼生氣勃勃和心胸開闊地享受我們自己生命中的每一時刻——嬰兒、少年、成年、老年、死亡，沒有過去，沒有未來，只有這一刻，只是如實享受當下。

結語

安住在當下這一刻，年歲就不復存在。

練習 41

守時

在一週的期間內，努力準時赴一切約會，思惟「守時」對你和他人的意義。觀察是什麼讓你不守時，而且在你自己或別人遲到的的時候，心中會作何感想。（如果你是一直都很守時的人，或許可以試著遲到幾分鐘，看看外在和內在上會發生些什麼。）

提醒自己

在重要的位置貼上鐘錶的圖片。把鬧鐘設在平日起床和約會時間提早五分鐘的時間，以提醒自己要守時。

發現

有些人養成早到的習慣，他們覺得這是禮貌，也是與團體和睦相處的一部份，這些人可能會對遲到的人感到惱怒。有些人則承認自己會習慣性的遲到——他們不喜歡等候活動的開始，他們覺得那很無聊，或是厭惡浪費自己的時間。早到會對某些人造成焦慮，他們覺得作爲第一個抵達會議或晚宴的人很奇怪。有些人克服這焦慮的方式是把多出的時間用於幫忙準備，或是放鬆地和主人或其他早到的客人閒聊。

有些人則在最後關頭及時趕到。如果有人在合唱團練習或上課等經常性活動中遲到，這似乎會造成滾雪球的效應，其他人也會開始遲到。這個練習也凸顯出文化上的差異。日本和德國的火車極爲準時，所以日本人和德國人比美國人更能在守時這件事情上有所規劃。在美國，人們經常堵在一動也不動的交通堵塞裡，獨自被困在車內。一名美國年輕人告訴我們，他在日本教書時，有一次給學校校長打電話，說他會有點遲到，他以爲校長會謝謝他打電話來，結果校長說：「在日本，我們會爲他人著想。」因爲這三十分鐘的遲到，他幾乎被冷眼相待了一天。從此以後，他再也不敢遲到了。

有些人刻意調快鬧鐘，愚弄自心，使自己能夠準時。還有人會設下假的截止日期，爲的是產生足夠的焦慮感，使得工作能夠在時限內完成。有些人發現自己會遲到是因爲無法停下手邊的事情，或是很難撥出足夠時間，爲正在做的事情收尾。人們經常發現自己之所以遲到，是因爲在有限的時間內塞了太多活動進去，例如有太多的雜事要做，或是在衝上車之前，還想再送出最後一封電郵，接著卻又找不到鑰匙，必須迅速衝回房子裡瘋狂地尋找，終於找到了，然後發現自己又遲到了。要做到守時，這可能意味著必須改變數個習慣，而不僅只是改變某一個習慣，例如在前一天晚上就擺好衣服或是準備好隔天的午餐。

這個練習可以顯露出數種內心的聲音。內心的批評之聲或許會升起，說：「你怎麼這麼笨！連時間也不會看！總是遲到！我想老闆馬上要開除你了。之後要怎麼付房租或買吃的呢？你眞是無可救藥！」另一種可能出現的內心聲音是「合理化」之聲——一旦你發現自己遲到了，這個聲音就開始編造排練種種藉口：「我的鬧鐘沒有響。」「我出門時，正好接到一通緊急的電話或電郵。」「高速公路上的交通糟糕得不得了！」赤裸裸的事實是：「我遲到了。」値得一提的就只是：「這是我的責任，我很抱歉。」僅此而已。

有些人從不遲到，他們或許可以試試不同的練習。他們可以在別人遲到的時候，觀看自己的批判心。或是可以刻意遲到，接著觀看自己的身心會升起什麼不同的感受？

深入課程

這個練習其實與時間無關，這是關於心境和習慣模式的練習。換言之，這與造作出的自我有關。如果我們自視甚高，我們會開始認爲，自己的時間比別人的時間更爲寶貴。我們寧願是最晚到達的人，因爲我們要做的重要事情有這麼多，我們不想「浪費時間，只是坐著閒聊」。或許我們的自我認同與富有生產力相結合，而不覺得跟同事講話有任何生產力可言。

或者我們的個性害羞。我們覺得走進房間、試圖決定要坐在哪裡、看著別人的眼睛和主動交談，這些是讓自己很不自在的事情，我們寧願晚點溜進去，在會議中扮演一個安全的小角色，而非早到，爲不知如何在缺乏組織性的社交情況中做些什麼而感到苦惱。

出國旅遊經常會讓人明白：時間只是人類所造作出來的東西，是個方便，是我們爲了讓活動與人們聚集在一起而創造出的約定。在很多非西方文化中，時間較爲彈性。日子的長短取決於日光、或甚至月光的期間。冬天的日子比較短，滿月的夜晚比較長。開會的時間不固定；聚會將在合適的時間開始，合適的時間就是大家都到場的時間。

有些人注意到，他們的心會說時間永遠都不夠，這使得他們焦慮或甚至生氣。「如果他們再多給我點時間就好了！」我們必須捫心自問，到底多少時間才算夠？多少時間才算太多？在長期的禁語禪修閉關期間，時間變得富有彈性。在心寂靜專注的時候，一個小時可能飛快地過去，幾分鐘卻有可能感覺像是一小時，特別是當我們身體的某個部份在抱怨時。

我們進行思惟時，將自己的生命劃分成稱作「時間」的區塊。我們有未來的時間，這時間朝著我們奔來，抵達，然後迅速成爲過去的時間。當下這一刻看似微小到難以掌握。當我們不做思惟而只是單純覺知的時候，就與流動性的變遷步調一致，只有當下的這一刻，時間變得無關緊要。我們更常處於覺知而非思惟的時候，時間似乎會自行調整，有恰好足夠的時間讓每件事情都能圓滿完成、進而消失。

結語

在當下這一刻總是有充裕的時間。

練習 42

拖延

察覺到拖延，就是「推遲了需要去做的事」的行爲。不只是覺察拖延的「打算」，並且覺察你是怎麼做的，也就是你拖延的「方法」。更清楚地觀看是什麼導致拖延，並且查看有何方法能夠調整或克服拖延這個行爲。

提醒自己

在你知道自己可能會拖拖拉拉的重要位置貼上「拖延」一字，例如臥室（在一堆髒衣服旁邊）、廚房（在一疊待洗的碗盤旁）、浴室（在雜亂不堪的醫藥櫃上）。你也可以在自己常常爲了拖延而前往之處放上提醒字條，可以貼在電視上、遊戲機上，甚或你的電腦上。

當我們對這個練習作討論時，大多數人都能找出某些活動是他們一直在拖延的，例如一通電話、一份報告、一封信、一項申請、一場重要的談話。一位女士說，她才剛開始寫給親朋好友的年終信，而那時已經是二月了。她覺得應該要在每一封信內都寫上一些個別的信息，她估計要是這麼做的話，還得花上一個月的時間。在檢視這個拖延行爲的時候，她發現自己一拖再拖的原因是，一旦信件寄出，可能又會找到有什麼不完美的地方。這是內在批評之聲左右我們的一個例子。如果她眞的把信寄出，卻又發現有什麼不完美的地方，那內在批評可能會把她批得體無完膚。如果她讓這些信件完美但卻又推遲寄出，或甚至永遠都不寄出，內心的批評聲仍會感到不悅。在批評的內心國度中，永遠沒有勝利可言。它唯一的工作就是批評，而且它非常擅長這份工作。

某人一直在拖延撰寫申請信之事，他發現自己的心會編造這樣的藉口：「如果不是因爲某某事情，我就會有時間做這個了。」而實際上，他是在浪費自己擁有的時間。另一人則發現，在每一個步驟中她都會拖拖拉拉的，從坐下打字、編輯信件、印出信件，到找個信封和正確的地址，她說：「我猜在我腦袋裡有個想法，就是每一步都比實際情況更困難，或需要更長的時間。」

我們在一天之中，會發現有很多拖延或懶散的機會：在水槽裡放個以後再洗、或是讓別人去洗的髒碗盤、晚上把衣服扔在地上、早上不疊被子、不撿起沒丟進垃圾桶的垃圾，留著最後兩截衛生紙在卷筒上以避免更換新的衛生紙。

這個練習包含採行新的座右銘：「現在就做！」

某人發現他一整天都在拖延，從早上賴床開始。另一人則說，在明白拖延只會讓事情變得更糟之後，他克服了這個問題。因爲他愈是賴床，就愈難起床，所以現在只要鬧鐘一響，他就馬上起床。他發現，如果自己延遲了騎上腳踏車到禪修中心來的時間點，最後就會拖拖拉拉很長的時間，直到最終因爲害怕遲到而決定不來了。他的結論是：「有著眾多考量的心，阻擋了全力以赴的生活。」

拖延的對治就是負起完全的責任，這包括對一切負責任，包括我們個人實際的邋遢髒亂，像是骯髒的馬克杯或沒整理的床鋪等等，以及誤解或過失等心理上的困境。在我師父的日本寺廟裡，如果你打破任何東西，即使是一個已經裂開的小碟子，你都必須報告此事並且道歉。寺廟中的一切都是大家的責任。

我們在日常生活中，因爲眾多事務而變得非常忙碌，以致於很容易就推拖了身爲人類的最重要任務。在某些宗教中，最重要的任務被描述是與神合一或成爲耶穌。在佛教，這稱作覺醒或覺悟。我們對於自己靈性修行的重要性有些許了解，但是這被我們必須從事的眾多其他事務給推到一旁，以使得自己能夠維持溫飽、不受風吹雨打、撫養小孩等等。

有些人會拖延，是因爲他們偏好不需很多努力就能立即帶來歡愉的事情，例如去看電影而不是完成一篇學業論文，他們忽視了在未來必然會產生的不良後果。有些人則是因爲瞋恨而拖延。他們對於啓動一項工作感到緊張和重大壓力，不明白拖延只會帶來更多的焦慮。很多很好的計劃，一直不能開始或是一直無法完成，原因就是懼怕失敗，或是害怕計劃一成形就可能招致批評。爲了逃避工作，有些人躲到白日夢裡，或是遁入喝酒所造成的失憶中。

拖延必然有損於生產力。拖延所帶來的，往往正是我們企圖避免的痛苦。正念修行的精髓就是停止逃避。我們停下，轉身，筆直邁向自己一直試圖逃避的東西。我們將它作爲待辦事項中的首要之務，早上起來的第一件事情就是處理它——在拖延心醒來之前。

有一晚我去見一位中年女子，她因爲癌症而即將往生。她一直是位受人尊敬的學者，翻譯古代漢文佛典；但現在卻成了皮包骨，躺在大大的白色床鋪上。她只剩下幾天好活了。在我們講完話，我正準備離開時，她若有所思地說：「我總以爲自己能『以後』再修禪定，現在沒有『以後』了！」憶起她的話總是能幫助我釐清哪些是重要之事而不拖延。

結語

如果你只剩一週可活，最重要的、該做的事情是什麼？哪些是你想說的話？不要推遲這些。

練習 43

覺知你的舌頭

爲期一週，在你吃喝東西的時候，覺知你的舌頭。當你留意到自心在用餐期間不知所蹤的時候，將它轉回到覺知你的舌頭。問這些問題可能會有所幫助：「我的舌頭『現在』在做什麼？我的舌頭『現在』有什麼感覺？」覺察到溫度、觸感、滋味、香料等體驗的變動。哪個部位最能靈敏感受到不同的味道？你的舌頭是如何移動的？

提醒自己

在你用餐的地方貼上有舌頭圖案的貼紙。

發現

如果你很難觀照自己的舌頭在做什麼，這麼做會有所幫助：你先刻意停下舌頭的動作，接著再非常緩慢地重新開始進食，這時作觀察。有沒有可能不用舌頭就可以啜飲一小口飲料、食用一小口食物、咀嚼或吞嚥？人們會發現：如果讓舌頭保持不動而試著咀嚼，那麼咀嚼會變成毫無用處的運動，只是牙齒上上下下不斷咬合。舌頭是一個忙碌的小東西，幾乎從不休息。在用餐的時候，它對我們有極大的幫助——咀嚼、吞嚥、品嚐、清潔。它在我們牙齒張闔之間飛快地進出，攪拌、搬動食物，並把食物均勻的分在兩邊。舌頭的作爲像是一個小小清道夫，敏感的舌尖在口腔各個角落搜尋遺留下的食物碎屑，檢查牙齒是否清潔。

舌頭能偵測出味道，包括基本的甜、鹹、酸、苦等味道。最近的研究顯示，舌頭也能感覺鮮味（蛋白質或令人愉快的滋味）、鈣、脂肪、薄荷般的清涼、辛辣、金屬味。舌頭也負責吞嚥的工作，觀察它決定何時吞下食物是一件有趣的事情。在我們做這個正念功課的時候，很快就會發現，沒有舌頭就很難吃喝或甚至是講話。古代的割舌刑罰，確實是一項非常殘忍的懲罰。

舌頭練習是正念力量的最佳範例之一。一旦我們將寂靜之心投注在任何一個東西上，那個小小的東西就會開啓，並展露出整個宇宙——一直存在卻藏而不露的宇宙。在舌頭的例子中，它明顯是藏在我們鼻子的正下方。一般而言，舌頭在履行眾多職責的時候，我們並不會注意到它的存在。只有在咬到或是燙到舌頭的時候，我們才會注意到它的存在。人們開始注意自己的舌頭時，經常會感到驚訝不已。「它就像是一個住在我嘴巴裡的小小人兒，一直在那裡打理著一切。」

在我們不去管它的時候，舌頭會有較好地運作。這是一個很好的範例——事物在我們不妨礙它們、不試圖控制它們的時候，會運行得較好。我們不可能指導舌頭去做它的工作：「把那一口食物的一部份移到右邊。注意！牙齒要來了，趕快離開！現在應該呑嚥了……停，等一下！等我吸氣完之後再做。」我們沒有辦法設計出一套足夠精密的電腦程序，去做舌頭爲我們做的事情。

在我們出生之前，我們的舌頭就已經開始照料我們，一天二十四小時的工作，而我們卻幾乎不曾注意到它的存在，除非是傷害到它。我們在生命中受到各式各樣的支持和照顧，但是我們並不留意，也不感激，這就是其中之一。我們大多數人沒有意識到一直在下面的大地，大地支持我們的每一個步履；我們也沒有意識到上方的空氣，空氣的組成比例恰當，含有21％的氧氣、78％的氮氣、水蒸氣，我們必需有空氣才能維生。正如同我們能夠覺知自己舌頭的秘密生活一般，我們也必然能夠經由修行而覺知到生命中的諸多恩賜。

結語

舌頭有它自己的智慧。就像大多數的事物，在我們不試著控制它的時候，會有較好的運作。

練習

44

不耐煩

在一天當中，覺察不耐煩的升起。覺察隨著缺乏耐心而起的身體信號（敲打手指），以及內心的聲音（「快一點！」）。問你自己：「我幹嘛這麼匆忙？我急匆匆地是想要去哪裡？」看看會有什麼答案出來。

提醒自己

在你的周圍環境貼上「覺察不耐煩」的字條，特別是在那些你知道自己容易變得不耐煩的地方。

發現

不耐煩或缺乏耐心，是我們現代社會中常有的經驗。當交通擁擠堵塞的時候，當有人開會遲到的時候，只要是我們必須等候並且「什麼都不能做」的時候，我們就會變得不耐煩。不耐煩的身體信號人人不同，包括快速的心跳、敲打手指、抖腳、胸悶或胃部糾結、神經緊張等等。做這個練習的時候，我發現自己在開車時，總是會身體向前傾，就好像開車是件浪費時間的事情，而我身體往前就能夠早點到達一樣。

不耐煩的心理信號包括焦躁、草率、容易動怒，以及某些種類的內心話語，有時候甚至會大聲說出，例如「我眞不敢相信，這怎麼會要這麼久的時間！」「到底是在搞什麼？」「你這個白痴，動呀！」等各式各樣的諸多言論。

思索你自己是在哪裡學會不耐煩，或是在何時學會不耐煩的，這是件有意思的事。你的父母是不是缺乏耐心的人？你是不是在學校學到的？因爲老師很無趣，或是因爲上課進度太快或太慢？受到缺乏耐心之苦的人，往往很難等別人把話說完，他們會用過早的回答打斷別人的講話，因爲他們自以爲知道別人最後要說的是什麼，但是沒耐心等別人說完。（治療方法之一就是練習38：如海綿般地傾聽。）

心有時會跑到未來，並且試圖強迫時間過得快一點，希望時間過得快一點，不耐煩就是依靠這樣的心而起。人們發現，若是學會認出不耐煩的早期徵兆，並且把自己的覺知轉向當下一刻的任何一個層面——自己的呼吸、衣服接觸皮膚的感觸、房間內的聲音等等，不耐煩就會消失。

深入課程

不耐煩屬於瞋的一個面向，瞋是佛教思想中形容的三毒之一（另二者是貪和癡）。「毒」這個想法很貼切，因爲這三者，確實都是能使我們身心有恙的東西。「瞋」是指我們有一種錯誤的信念，認爲如果能夠除掉某個東西或某人，自己就會變得快樂。如果我能辭掉這份工作，如果我能找到一位更愛我的伴侶，如果所有的壞人都能被關進監牢，如果我們能夠除掉所有的恐怖分子、民主黨員或移民，如果我們能夠擺脫不耐煩的人，那麼世界就會變成一個生活美好的地方。不耐煩是「瞋」的一個較爲溫和的形式。

心大喊不耐煩或身體有所表現時，詢問心：「我們趕快完成這個是爲了接下來要做什麼？」這麼問會有所幫助，因爲心的典型回答是：「這樣我們才能開始做下一件事情。」這時你再重複同樣的問題：「我們趕快做完這個是爲了接下來要做什麼？」對於每個回答都不斷追問：「然後呢？」你就會見到，心是在急著過完這個小時、這一天，以及邏輯性的延續──週末、年尾……然後是，生命的終點？在我們匆忙前行的時候，我們必須提醒自己，最終我們是匆匆忙忙地趕赴生命的終點。這眞是我們想要做的嗎？

對於我們認爲無聊或繁瑣的工作，像是清洗碗盤等，我們也會急著趕緊完成，這樣才好去做一些我們自認爲是有趣或放鬆的事情，例如網上購物或是看電影。若是我們學會將一刻又一刻的正念帶入生命各個層面之中，那麼我們匆忙要完成的事情就會變得有趣。只要心不拽著我們進入未來，這些事情也可以變得令人放鬆。

不耐煩是怒氣的一種形式，而藏在這怒氣或瞋下面的一直都是恐懼。如果能認出恐懼，就能開始消溶怒氣。問題是：潛藏在不耐煩之下的恐懼是什麼？

是懼怕沒有足夠的時間。這個恐懼是不切實際的，也是實際的。實際是因爲我們永遠不知道自己的生命何時會結束，而在我們死亡前，有很多我們想做，或是想要體驗的事情。恐懼時間不夠，也是不切實際的，因爲時間是我們自心所創造出來的。一旦我們能夠安靜自心，進入清淨覺知，並與事件的流轉相應合，時間就消失了，永恆的寂靜開啓，我們處於安寂中。

結語

不耐煩盜走我們的生命。當不耐煩升起時，投入當下——呼吸，聆聽，感覺。

練習 45

焦慮

覺知焦慮。注意所有和焦慮有關的身體感覺、情緒和念頭。心跳急劇？念頭紛擾？注意焦慮首先在一天的什麼時候出現。是出現在你喝咖啡的時候，看新聞的時候，還是你到學校或辦公室的時候？一天數次，暫停一切，評估內心是否感到焦慮？你也可以留意有什麼會讓焦慮變得更糟？有什麼能夠緩解焦慮？

提醒自己

在你的周遭環境中，你可以貼上詢問：「你焦慮嗎？」的小標語，或是焦慮臉孔的圖像。每次你留意到提示時，就停下，評估是否有焦慮的兆象。

人們經常驚訝地發現，在自己的生活中，焦慮是一個如此經常出現的伴侶，比他們以爲的更常出現。焦慮在現代文化中是如此的普及，以致於只有在心比較安靜或透過正念練習而變得對身心變化較爲專注時，才會注意到焦慮。焦慮可能在鬧鐘響起，或電話第一聲鈴響時，驟然蹦出。有些人發現，他們一起床時，就已經開始感到焦慮了。一位女士說：「焦慮就在床柱上，等著在我一張眼時，就飛撲過來。如果我一直閉著眼睛，就能夠抵擋它。」其他人則發現，焦慮是和晨間新聞、他們的第一杯咖啡一起等著他們，或是在前往上班途中，和門栓一併鎖在他們的身上。

標示著「焦慮正在我心中升起」的身體感覺，人人不同。可能是心跳加速，呼吸變淺，胃部緊繃，腋下搔癢，接著一條腿開始抖動。伴隨焦慮而來的種種念頭，每一個人都不一樣。「我又失敗了。」「他要離開我了。」「這個情況是無藥可救了。」「我生病了，而且會因此而死。」

能夠辨認出並繼而觀察心中一陣陣焦慮的人，會開始見到焦慮的模式——有特定種類的事件或情況是造成焦慮迅速增長的種子。這些種子往往是在童年就已種下。有一位男士在童年遊戲時，曾經差點被自己的兄弟掐死。他注意到，只要自己穿上衣領較緊或是高領的衣服，就會感到焦慮。

深入課程

焦慮是佛陀稱作「我見」的顯現，就是認爲我是一個獨立、孤獨的本體，受到「別人」來自各方各面的威脅。學會認出焦慮最初期的顯現，並發展斷除焦慮的工具，這非常重要。深呼吸是一個很有效的對治方法。

爲了看清焦慮，我們需要查看焦慮的底層。焦慮總是伴隨著念頭而來，雖然這些念頭可能是以內心絮語的形式發生，但它們可能非常細微，因此在一開始的時候，難以察覺。念頭總是指向過去或是未來，包括瞬間之前的過去，或瞬間之後的未來。心安住在當下的時候，我們就沒有念頭思惟，唯有體驗。即使發生的事件很危險，例如車禍的時候，我們也只是在發生的時候作體驗。通常體驗會很鮮明且是慢動作形式的，而恐懼、焦慮在之後才會到來。

「我碰到一大塊冰而打滑。我可能會因此而喪生，那我的小孩就成了孤兒！要是又發生了怎麼辦？」念頭可能讓焦慮升起，並且讓焦慮擴大。我們一邊開車，一邊作種種焦慮思惟的時候，我們就不是「只是開車」。我們知道一邊開車一邊講電話不安全，那麼講內心的電話就安全了嗎？

我們生命的大部份是處於下列兩種狀態的其中一種：不是直立、警覺、焦慮的（在我們醒著的時候），就是躺著、放鬆、舒適的（在我們睡覺的時候）。我們禪修時，結合這兩種狀態的長處，移向一個境界，在這境界之中，頭腦是平靜但警覺的，身體是直立但放鬆的，心靈是開闊但強壯的。

當我們見到焦慮悄然而來時，要有所覺知：「哦，有焦慮了。」因爲焦慮有賴於念頭來維續，當我們把心從念頭轉離，轉向有益的對治修行，例如深呼吸或慈心等觀修的時候，漸漸地，我們就能學會盡早發現，並解除我們的焦慮。於是，焦慮所造成的習慣模式或「心靈軌跡」變弱，焦慮就不再能左右我們。

有些人說：「如果我放下焦慮，我將會停止爲未來做規劃。放下焦慮的想法恰恰讓我感到焦慮。我會變成水母，只是四處漂浮，被生命的潮流推來推去。」他們把放下焦慮和放棄規劃給搞混了。焦慮和規劃是全然不同的兩回事。焦慮是我們的心在規劃上所附加的痛苦。事實上，焦慮會對完善規劃形成干擾。焦慮以自我為中心，令我們失去客觀性。完善的計劃則來自客觀性，而非情緒。

對於如何解開我們心中糾結的焦慮，這裡有一個重要的提示：找一個方法將思惟轉變成體驗。尤其是，轉變成用身體作體驗，感覺呼吸的流轉，聆聽聲音——明顯的和微弱的，觀看明、暗的顏色與圖案。當我們眞正處於當下時，時間似乎慢了下來，一切都變得更加生動，事物以完美的順序接連出現，我們的擔憂消失，一切都再次順遂。

結語

對於我們的快樂，焦慮是個難以察覺卻又無處不在的破壞者。焦慮依附於過去和未來的念頭，它無法存在於當下。

練習

46

以正念開車

開車的時候，帶入正念的覺知。注意身體的一切活動、車子的活動、聲音、習慣性模式、開車時的念頭。（如果你不開車，可以將注意力帶入騎腳踏車或搭乘車子、巴士、火車的時候。）

提醒自己

在你的方向盤或儀錶板上放一個提示字條。最好在你開始開車之前，拿走那個字條，這樣才不會造成視覺上的散亂。在你離開車子之前，把字條放回，這樣就能在你下次開車的時候提醒你。

發現

人們發現，這個練習能打開初學者的心靈，把他們從無意識的駕駛中拉回，有助於他們注意開車時的一切細微活動。我們可以在自己進入車子之後，立刻展開這個正念練習。感受座椅對你大腿、臀部、背部的壓力，感受你的腳安置在地板上。當你發動引擎的時候，感受金屬鑰匙的阻力。感受車子的震動，那告訴你車子有在跑，沒有熄火。注意手是如何握在方向盤上：上方、側邊或是底部？一隻手還是兩隻手？開車時有什麼情緒升起？例如，經常有人說，在被別人超車的時候，他們會體驗到怒氣爆發，這毀了他們的內心平靜。

我喜歡把注意力放在感受道路上，延伸我的覺知，經由輪胎而下，擴及路面，就好像車身是我的身軀、輪胎是我的雙腳一般。我留意車子從車道開到街上、從街道開上高速公路時的顛簸和震動。我聆聽開車時的聲音，引擎聲、風聲、輪胎聲……。

有一次我開車載著日本的原田禪師從華盛頓州到奧勒岡州。在我們穿過州界的時候，他看似半睡半醒，但他能立即評論出路面和聲音有所不同。我對於他持續性的高度覺知深感驚歎，於是發誓要繼續加強我自己的覺知程度。

當我們練習正念駕駛的時候，我們會留意到，每一個人都有他自己獨特的駕駛方式。有些人開車緩慢且縮手縮腳的，使得乘客感到不耐煩；有些人則是在黃燈時加快油門，令車上的乘客因爲急轉彎而暈車。有些人在開車的時候欣賞風景、吃東西、打電話；有些駕駛人則是把眼睛盯在路上，隨時準備應付突如其來的意外狀況。

正念駕駛需要放鬆、警覺的覺知。練習正念駕駛的時候，我希望自己筆直前行，如同我們在禪宗所說的「一直線」。這表示，不管有多少彎道，不管有多少次你必須完全停車並再次啓動，不管你必須經過多少次的繞路，你都清楚知曉自己的目的地，平穩地向目標前行。

深入課程

因爲現代人花這麼多的時間在車上，所以這個練習有助於我們回答以下的問題：「我怎麼找得出時間練習正念？」在車上維持正念，可以爲每一天帶來更多的練習時間，並且幫助我們在抵達目的地時感到神清氣爽。就像所有的正念練習一般，身心靈都包括在正念駕駛之中。

隱含在這所有正念功課之中的基本問題是：「你是否願意改變？」正念駕駛是關於我們是否願意改變駕駛習慣。通常我們只有在生命不如意或自己受苦的時候，才願意作改變。例如，一旦我們收到一張巨額的超速罰單，才可能會願意不超速駕駛。正念練習是要求我們爲了一個不同的原因而改變自己——出於好奇心而改變，因爲改變有可能帶領我們通往更多的自由快樂。

有一次我以乘客的身份坐在一位禪宗弟子的車子上，我對他缺乏專注的駕駛習慣做了批評。他立刻請教我：「請告訴我您看到了什麼，以及我如何能改變？」我如他所請的告知，而他也做出改變。現在他是一位非常好的駕駛員。眞正弟子的心意就是這樣：把降臨在自己身上的一切，都當作是改變的契機，爲利益他人而做出改變。

如果你想要體驗更多的安樂知足，你就必須檢視自己生活的各個層面，覺察在那些區域累積了什麼樣的習性，並且願意斷除所有不善巧的習性。

很多人都希望有一天會有某人前來，或是會有什麼事情突然發生，就像閃電一樣，完全轉變他們的生命。你可以虛度一輩子等著快樂從外降臨，但安詳、基本的滿足是我們與生俱來的權利，已經存在於我們自身之中。正念給予我們一個交通工具，帶領我們直接前往彼處。

結語

眞正的轉變很困難。轉變從細微的改變開始，對我們的呼吸、飲食、走路、開車做出改變。

練習 47

深入探究食物

在你吃東西的時候，花一點時間好好觀賞食物或飲料，就好像你可以回溯觀看它的歷史。運用你的想像力，看它是從何處而來，有多少人參與了讓它變成你盤中飧的過程。想想那些播種、除草、收割食物的人，那些運輸它的卡車司機，食品包裝員和工廠員工、食品店和結帳的人、烹調食物的家人或其他廚師。在你啜飲或進食之前，感謝他們。

提醒自己

在你通常進食的地點貼上寫著「觀看你的食物」的標語，例如在廚房裡或是餐桌上。

發現

在寺廟裡，我們在用餐前會做一段祈禱，其中包括如下語句：「我們思惟獲得這些食物的努力，以及食物是如何來到我們面前。」如同你一日會重複數次的其他話語，念誦這些字句並不代表我們在每一餐都能眞正念及所有把食物帶到我們碗裡的人。我們可能模糊的知道廚房裡的廚子是誰，在食物美味的時候，對他有點感激而已。因此，我們才需要這個練習。

我們的寺廟有個優點，很多食物都是我們自己種植的。在菜園和溫室中工作有助於啓發我們明白，要將萵苣和胡蘿蔔培養成餐桌上的生菜沙拉，需要經過多少的辛勤努力。我們感激我們的鄰居，因爲我們從他們的穀倉裡鏟肥料到我們的卡車上，再把肥料從我們的卡車上鏟出，層層放入我們的堆肥內，與廚餘和除草機割下的雜草放在一起。只要是有幫忙過年度罐頭工作的人，在從鄰居的樹上採收了滿滿數桶的蘋果之後，接著是清洗、切、煮、打泥，然後爲數百夸脫的水果裝罐，就會對蘋果醬有嶄新的敬意。我們比大多數現代人都更能明白，爲了能坐在一盤食物面前大快朵頤，之前需要多少的辛勤工作。即使如此，當我們做這個深觀修行的時候，我們發現自己仍然把很多食物視爲理所當然，特別是那些在包裝袋內的食物，例如麵粉、糖、鹽、起司、燕麥、牛奶等。

我們經常做這個練習，作爲我們正念進食練習的一部份。這個練習幫助我們，用內心之眼觀看那些將自己的生命能量，貢獻給我們面前這盤食物的人：廚師、收銀員、把食品上架的店員、運送的司機、包裝工廠的人、農夫、四處打工的農場工人。

我的丈夫和我在孩子還小的時候，會在用餐前靜默數分鐘，思惟是誰帶給我們食物的。我們那時住在大城市裡，那裡的大多數兒童都以為一切的食物，包括生鮮食品，都來自於超級市場，它們是在幕後被神秘製造出來的——可能是從塑膠做出來的。甚至很多聰明的大人也不知道食物是打哪兒來的。有一次，寺廟中有位客人要煮湯，跟我們索取洋蔥，我走到屋外，從菜園中拔了兩顆出來，帶回廚房。他嚇壞了：「那些帶著泥巴的怪東西是什麼？」

有一次，BBC電視臺在愚人節做了一個整人報導，播了一段簡短俏皮的新聞，說瑞士今年的義大利麵條大豐收。（你可以在網上搜尋並觀看這段影片，關鍵字是「spaghetti harvest Switzerland BBC」。）影片中，扮裝的女子們歡樂地從樹上採收一束束長長的義大利麵，還有在餐廳裡快樂享用「新鮮採收的義大利麵條」的食客。當時很多人都跟BBC電臺聯絡，詢問哪裡可以買到義大利麵樹，他們也想種在自己的院子裡！

我們在深入觀看自己的食物時，會察覺到自己的生存完全依賴於其他無數眾生的生命能量。如果你花一點時間思惟自己麥片碗裡的一粒葡萄乾，計算有多少人參與將它帶到你面前的過程，再回溯到它所生長的葡萄藤進行種植、修剪、除草工作的人，至少曾有數打的人牽涉在內。如果你再往上追溯，上至地中海地區種植葡萄的源頭，就有數萬人。如果再加上非人類的眾生——蚯蚓、土壤裡的細菌、眞菌、蜜蜂等等，就有數百萬眾生的生命能量流向你，顯現爲你碗裡的那粒葡萄乾，最終成爲你的細胞生命。

體驗此點就是在你靈魂深處，深深理解共生的眞實意義。每一次我們吃喝東西的時候，我們就是與無數眾生結合在一起。生命死去，進入我們的身體，再次成爲生命。這不斷重複發生，直到我們死亡爲止。死亡的時候，我們就將所有的能量交回，我們的身軀消散，再次生成爲很多新形態的生命。

我們如何回報這麼多的眾生？不是用金錢。如果我們發一塊錢給每一位照料過這粒葡萄乾的人，葡萄乾會變成只有國王才吃得起的食物。我們能否至少充滿感激地，以覺知向他們致敬？在我們開始食用之前，以片刻的正念，感謝他們的辛勤工作？

一行禪師說：「修行正念的人可以在一顆橘子中，見到別人所不能見到的東西。具有覺知的人能夠見到橘子樹、春天的橘子花、滋養橘子的日光和雨水。深入觀看，就能見到讓橘子得以存在的一萬個東西，以及它們彼此間是如何交互影響的。」

結語

諸多眾生的生命能量在我們進食的時候流向我們。回報他們的最佳方式是什麼？就是在進食的時候，完全處於當下。

練習

48

光

擴展你對光的覺知，含括光的一切形式——明亮的和黯淡的，直接的和反射的。

提醒自己

在合宜之處貼上「光」字或是有發亮燈泡的標誌，包括在電燈開關的上面或鄰近之處。

發現

這個練習是個絕佳的例子，展示了正念確實有助於使我們見到自己已經學會忽視的東西。在現代社會中，我們把光明視爲理所當然之事。然而電力被當成日常生活之用，只是二十世紀後半期以後的事情。之前，光很珍貴，甚至是神聖的。在我們位於鄉下的寺廟中，在冬季暴風雪期間，停電不是罕見之事。就著蠟燭和煤油燈散發的微弱光線，試圖煮飯或閱讀，這使得我們理解爲何佛陀將光包含在大家應該無償贈與的基本布施物之中，其他的饋贈物則含括水、食物、衣物、居處、交通等。在電力恢復之後，我們會煥然一新地，有幾個小時的時間對光感到感激，但是很快地，我們又回到視其爲理所當然的狀態。

有另一個正念團體在經歷過一次燈火管制之後，對這個正念練習，略爲進行更動：每次有人打開電燈開關時，就修行感恩的正念。他們回溯電流，從燈泡開始回溯到房屋裡的電線、輸電線路、電力站、發電廠，最終是感謝已經死去多時的動植物，它們的身體構成了煤、石油、天然氣。你現在能夠花一點時間感激光、電的奇蹟嗎？

光使人能夠在夜晚降臨之後，仍能利用數個小時進行自修、娛樂、閱讀、學習，以及從事音樂、藝術等創作。光會影響我們的情緒，明亮的螢光燈和閃爍的燭光會分別引發不同的情緒。有些人在冬季日光時間縮短時會變得憂鬱。光似乎能激發人類的活力和創造力。在阿拉斯加的冬天，日照時數很短，人們會冬眠。而在夏天，當太陽幾乎永遠不落下的時候，他們會充滿活力，甚至變得有點瘋狂，需要的睡眠時間也變短。光具有療癒能力，對於單純的季節性憂鬱症，已經證實了光的效果和醫藥的效果相等。

有些人說，他們熱愛曬太陽，在這麼做的同時，他們知道所有生命都有賴於從太陽流射出的光能。然而，近來有人注意到大眾對陽光起了反感，這是因爲人工日曬房和陽光會導致癌症的種種警告。對陽光的恐懼使得古早的一個健康問題再次興起：缺乏維他命D。近年來，醫生必須勸人至少一天要直曬陽光十五分鐘，因爲陽光會幫助我們產生維他命D。

在做這個正念練習的時候，有些人覺察到自己的眼睛是收集光線並使其顯現的器官，於是他們也對視覺這個禮物升起新的感恩之情。有人注意到，色彩和珠寶的美麗有賴於光線，她是在開車的時候察覺到此點：交通號誌有如多彩蛋白石般發光，高速公路上迎面接續而來的大燈，看來像是一串鑽石鍊，而前方的剎車燈則像是很多閃亮的紅寶石。

深入課程

當我們開始注意光的時候，會發現它無處不在，有日光和人造光線，強光和弱光，直接的光和反射的光，白光或多彩光芒。光透過綠葉照耀，把綠葉變作翡翠。光慢慢地移過地板，顯示地球的運轉。光盈滿了我們上方的碗狀天空，即使是被雲或地球陰影所遮蓋時也是一樣。

覺知到光的時候，人也變得更能察覺陰影與黑暗。光是如此廉價，並且到處都有，以致於我們很少探索黑暗。在黑暗之中也有光，而且通常是在出乎意料的地方。如果你在夜晚不拿手電筒就走進森林中，你也許會見到很多種類的微弱光亮。這也打開了其他的感覺：聽覺、觸覺、嗅覺。你會發現自己能夠靠著雙腳「看見」路途而行走。

黑暗與光明看似兩個相反的東西，但事實上各自都有對方的一部份，並且相互依存。在現代世界中，我們似乎懼怕黑暗。我們留下很多的燈一整晚亮著，在家裡、在街上、在辦公室，以致於我們無法看見星光。光經常被說成是「善」的，而黑暗是「惡」，但是如果沒有夜晚，我們就不能讓眼睛和身體休息。

試著察覺在你眼皮後面的「黑暗」。你會發現，那完全不是純粹的黑暗，而是充滿了光與色彩的動態圖案。

這個練習有個非常有趣的延伸，就是把關於光的科學知識放在一旁，而將光視爲是從物體散發「出」的。有一句值得思惟的禪語：「萬事萬物都有自己的光。」這個思惟可以包括尋找每一個人或每一個物體所散發出的實體光芒，或是注意每一個人爲世界所帶來的獨特光明。

光似乎會帶來希望。耶穌說：「我是世界之光。追隨我的人不會行走於黑暗中，而會擁有生命之光。」佛陀的教法被稱作是「將光明帶進黑暗之中」，使人能夠見到實相。佛陀還指示他的追隨者：「作你自己的明燈。」意思是他們應該使用心靈之光去發現實相。藏傳佛教傳統說，我們的基本識——在我們念頭和情緒背後的明覺——具有三種本具的特質，它是無邊、清澈、光明的。這基礎的明性意味著受過訓練的心能夠如雷射光般斬斷迷妄，並且顯露我們所觀照一切事物的本質。

結語

每個人都有自己的光明，你的是什麼？你能不能用它來幫忙，爲這個世界注入活力？

練習

49

覺知你的胃

覺知來自你稱作「胃」部的感覺。在餐前和餐後檢視這個區域。你的胃能不能告訴你餓和飽有什麼感覺？

提醒自己

在各個地方貼上「胃」字或胃的簡單圖案，包括在你用餐的地方。

發現

在我們的正念飲食閉關期間，我要求學員覺察來自他們胃部的信號。我們研究這個問題：「我怎麼知道自己肚子餓了？」我們也要大家檢查自己胃的情況，在用餐前，在吃到一半的時候，以及結束用餐時，看看胃有多滿或是多空。很多人都驚訝地發現，自己已經失去了對胃的連繫，他們察覺到的只有極端的腹部感覺，只有在胃部大聲抱怨饑餓的時候，或是因爲吃太撐了，而抱怨胃被不舒服撐開的時候。進行胃部正念的人們，在餐前檢查胃部時，經常會發現即使胃部有信號回報已經飽了，他們還是會坐下吃一頓正餐，他們進食只不過是因爲時鐘顯示中午或晚上六點了。

哥倫比亞大學的研究人員指出，超重人士更容易忽視來自胃部的信號，他們較易受到外在因素的影響，例如食物的擺設有多誘人，或甚至是因爲他們認爲吃飯時間到了。如果時鐘被調成中午，而其實只是十點鐘，他們還是會吃下全部的午餐。正常體重的人則不會，因爲他們是依據內在信號，而非外在信號來告訴自己何時饑餓、何時飽足。

慢性暴飲暴食或無節制狂吃東西的人，會藐視來自胃部的「我已經飽了」的信號。如果他們長期這麼做，信號的強度似乎會消退，於是他們必須再次學習如何「傾聽」胃部的信息。琉球居民是世上最長壽的人之一，他們有句俗語：「腹の八分」（はらのはちぶ，音：哈拉—耨—哈基布），意思是「吃八分飽」。前面的八分是爲了維持你的良好健康，但是如果你吃進最後的兩分，就是支持你的醫生。學會在一餐中，數次檢查自己胃部的人幾乎總會發現，相對於他們平常習慣攝取的食量，其實不用那麼大量的食物就能讓他們感到頗爲飽足。

正念飲食教導我們，注意自己身體的智慧。有些人發現，他們的胃在早晨其實相當放鬆，饑餓信號直到十點或十一點之後才會升起。然而他們數十年來都在早上七點就吃早餐，因爲從孩童時代起，他們就被教導說，若是不吃豐盛的早餐，他們在學校的表現就會不好。讓他們很驚奇的是，他們發現如果晚一點再吃早餐，直到饑餓信號升起時再吃，他們依然充滿活力，而且頭腦更爲清晰。他們或許還會發現，身體要求吃些蔬菜或喝點湯來當作遲來的「早餐」，而不是吃那些通常加了糖的麥片或加糖漿的煎餅。其他人則發現，他們就像是蜂鳥，他們需要早點用餐，而且若是能經常吃一丁點兒東西會感覺更好。我們每個人都不同。

深入課程

我們的正念飲食練習，包括一次只吃一點點的食物，例如：一粒葡萄乾或一顆草莓，很慢地吃，全神貫注的吃。很多做這個練習的人會驚訝地發現，之後檢查自己胃部時，他們竟然感到完全的飽足。他們會驚歎：「我怎麼可能只吃一粒葡萄乾就覺得飽了！我這一輩子，從來沒有一次只吃一粒葡萄乾！我一直以來都忽視了什麼？」

感覺肚子飽了有生理的層面，但是更重要的層面是滿足的體驗，這不取決於我們放了多少東西進胃裡，而是取決於我們對自己所食用的東西，具有多麼完整的覺知。當我們對正在吃的東西的顏色、香氣、滋味、溫度、質感具有正念的時候，我們對於任何種類或任何份量的食物，都會有強烈增長的滿足感。

有一位女士曾經參加過一次正念進食工作坊。兩年後，當我再次見到她時，我驚訝地發現她減去了多餘的二十公斤體重。我問她做了什麼，她說：「我問我自己為什麼吃東西。我發現，我吃東西是為了想要為自己的身體帶來一種平靜感。所以我開始充滿正念地吃每一餐，在吃飯的時候經常檢查我的身體感覺。只要我的身體一感到平靜，我就停止吃東西。」

正念進食令我們的覺知向完整的體驗敞開，向進食的全然滿足感敞開。在我們的一切活動中運用正念，這會令我們的覺知向人類生活的全然滿足感敞開。

有些人分不清焦慮和饑餓，因為這兩個體驗有很多相同的感覺——腹部的啃蝕感、很難思考、感覺搖晃或發抖、暈眩等。如果在焦慮的時候進食，不安感可能會增加，因爲他們是違背身體的意願在進食，一邊吃東西，一邊自知這是有害健康的。當我們運用正念的時候，我們就能夠區分出胃在告訴我們什麼（「我還很飽，還在忙著消化午餐。」），頭腦在告訴我們什麼（「我很焦慮，因爲我們必須在五點鐘之前完成那份報告。」），心又是在說些什麼（「我很寂寞，因爲我親愛的有三天不在城裡。」）。我們唯有知道自己是哪個部份處於饑餓之中，才有辦法以健康的方式滋養自己。我們所需的食物或許是一份三明治，但往往也可能是打給我們摯愛之人的一通電話。

結語

聽從你胃的智慧，它能指引你獲得更多的健康和更大的滿足感。

練習 50

覺知你的中心點

覺知你的重心，它位在下腹部的正中央，約臍下五公分之處，在前腹壁和後方脊椎的中間。在武術上，這個重心在日文裡稱作「腹」（hara），在中文則稱作「丹田」。

每當你的心四處遊盪時，就把注意力帶回你的重心。嘗試從你身體的這個位置啟動所有的肢體動作，不管是伸展、行走，或是彎腰等等。你甚至能夠用這個方式切菜——讓每一刀都從腹部而起，由手臂而下，至手、刀，接著切下蔬菜。

提醒自己

在適宜的地點貼上「重心」一詞，或是下腹部有個紅點代表丹田的人體圖片。你也許可以在衣服下面的下腹部位置，穿戴上能夠產生特殊感受的衣飾，以提醒你這個功課，例如柔軟的腰帶或OK繃。

發現

我們通常是從頭啓動行動，我們的頭腦命令手臂和手伸出去，拿我們想要用或吃的東西。我們的身體比較被動，等著我們頭腦中的木偶操縱者拉起繩子，把我們立起，準備行動。禪宗修行和武術訓練都指導弟子轉向更爲動態、整合的方式，方法是覺知自己的重心，意即丹田，讓每一個動作的流動都是起自這個觀想點。從椅子中起身時，就好像是丹田要起來，而身體的其餘部份都不過是跟隨丹田而已。走路的時候，就好像是丹田在平穩前行，而雙腿不過是在它的下方移動而已。我們也可以在站立的時候，以丹田爲中心，膝蓋略微彎曲，體重均勻分散在兩腿。

運動員經常利用他們的身體重心。等著回擊的網球手，踢著球跑的足球員，他們都會屈膝將中心點保持在較低的位置，他們的速度、彈性、敏捷身手從那中心點湧出。高爾夫球手在揮桿的時候，是將身體繞著那個中心點作旋轉。划舟或划皮艇的時候，如果從丹田推槳和拉槳，需要的力氣就少得多。

做這個正念練習的時候，人們往往會注意到，他們更穩定，平衡感更好，力氣更大。他們還發現，安住在丹田中，也會對心有所影響。心變得更安靜、更專注，覺知的範圍拓展。我們也許是坐在一個會議裡陷入一場激烈的討論，但當我們把覺知下放到中心點的時候，我們更能注意到整個房間內的各種情況，也更能注意到室內所有的人、時鐘的滴答聲，或是某人緊張的咳嗽。

如果修行丹田正念的時間夠長，人們往往會發現，這對自己的情緒也有穩定的效果。像是怒氣等難以控制的情緒產生時，如果能把覺知放下到重心當中，這情緒就會停止增長，並且很快就開始消退。當你安住在丹田之內的時候，你就像是那些重心在底部的充氣玩具，雖然可以被推來推去、打來打去，但你總是會彈回來，再次站立。

深入課程

如果你問人是在身體的哪個地方，在我們的文化中，大多數人會指向自己的頭。在亞洲國家，人們比較會指向自己的胸口（心）或是腹部。我的第一位禪宗導師常常在經過人身邊時說：「你現在在腦袋瓜裡」。他能夠看見人們迷失在旋轉念頭的混亂中，所以提醒他們要把覺知下放到腹部。我的第二位禪宗導師告訴弟子，觀想自己有第二個「頭」在腹部，用這下方的重心聆聽、講話、活動。你會發現，從你的重心聆聽能夠增進「如海綿般地傾聽」（練習38）的正念練習。

重心對日本人來說非常重要。他們有很多與重心有關的措辭，例如「腹の人」（hara no hito）是指有勇氣、道德、決心、意志力、品德的人。相反地，「無腹」（腹がない，hara ga nai）則是描述一個人沒有勇氣，缺乏毅力。「大腹」（腹がおおき，hara ga oki）是指一個人很慷慨、慈悲，心胸寬廣。「據於腹部」（腹を素敵，hara o suete）是指變得平靜穩定。

雖然丹田不是身體裡的一個器官，但卻是一個能量中心，能夠以持續性的正念關注作強化，直到它在生理上逐漸成爲明顯的強壯特質。我曾經見過丹田力量高度發展的禪師，跟他們在一起的感覺就好像是房內有一塊巨岩跟你坐在一起。

在你做本書內的正念練習時，你也許會注意到，有很多練習都是基於把你的覺知從頭部和思緒移向身體。我們的思緒從來都不是和當下有關，因爲當下是個純粹肉體感受的瞬間。例如，假定我們的眼睛捕捉到了天上有一道道的明亮色彩，一旦我們對這起了念頭，我們就是在轉瞬間離開了這純粹的感受。當我們想著：「哦，多美的夕陽。還記得去年在亞利桑那州看見的那個夕陽嗎？」這時我們就已經不再是體驗色彩和光，心已經離開體驗，轉變成把我們所見到的景象命名爲「夕陽」，並且生起「關於」夕陽的念頭、回憶、比較。

與原本的體驗（天空驟然灑下的奼紫嫣紅）的歡愉相較，念頭相差甚遠。事實上，與夕陽有關的念頭可能變得惹人心煩，因爲它們令我們離開了只是看見鮮明色彩的自然歡喜。這個本質性的溝渠，亦即我們被包覆在某種棉毛之中，而不能眞正直接體驗任何東西的感覺，我們對生活的大多數不滿正是起源於此，這也是人們試圖把一切強度都放大的原因，從馬鈴薯片的鹹度、各種飲料中的咖啡因含量，到汽車音響的音量。

我們和一切其他事物之間的隔閡，並無法靠著對我們生命增加強度而閉合。是我們自己川流不息的念頭造成了這個隔閡。當我們把自己的「運作中心」從頭部移到腹部的時候，有些變化發生了。多餘的念頭止息，覺知打開，卡在我們和其他事物之間的不安隔閡感消失了。試試看！

結語

每當你覺得失去平衡的時候，就把覺知下降到你的中心點，這會穩定你的身心靈。

練習 51

對身體的慈愛

爲期一週的時間，修習對身體的慈愛。一天至少花五到十分鐘在這個練習上。可以是在你禪修的期間，坐在一張舒適的椅子上，正常呼吸。每次吸氣的時候，覺察新鮮氧氣和維持生命所需的能量進入你的體內。每次呼氣的時候，將這股能量運送至身體各處，並且同時默禱這些祝詞：「願你從不安中解脫。願你自在。願你健康。」

慢慢地你可以簡化這個過程，只在呼氣的時候說「自在」即可。一天當中，只要你的注意力一轉向身體（在鏡中見到自己的時候，或是感到不舒服的時候），發送慈愛給身體，即使只是短暫的也好。

提醒自己

在重要地點張貼「慈愛身體」等字，例如在你的鏡子上，在床頭櫃上，或是你床上的天花板上。如果你偏好使用圖案，可以在一個身體輪廓圖案的正中央放上一顆大大的心。

發現

很多人會對這個練習感到抗拒，他們不斷「忘記」做這個練習，最終發現潛伏在這抗拒之下的是對自己身體的嫌惡。我們大家一輩子都被灌輸完美身形的影像，以及那些具有青春、財富、手術、類固醇以創造出這些完美身形的人的樣貌——電影明星、供炫燿的妻子、健身運動員、專業運動員。我們一般人的身體無法和他們相比，於是可能在心中，累積起對自己身體的細微憎惡：我的肚子太大，我的胸部大小不對，我的腿太短，我的頭髮或眼睛的顏色不對。

以前這主要是讓女性感到爲難之事，但現在廣告也開始對男性造成影響，讓他們也染上這普遍性的不滿。一位年輕男子吐露，他一直很憎恨他的胸毛。這讓人感到驚訝，因爲很多男性哀嘆自己缺乏「男子漢的」胸毛。他說，他的胸毛在初中時就提早長出，使得他在那時受到了嚴重取笑。雖然他明知其他男孩其實是因爲嫉妒而嘲笑他，但他卻擺脫不了那段痛苦難堪的回憶。

有些人發現他們寧願「處在頭腦裡」，認爲念頭比較能被自己所掌控，而不願練習身體正念，因爲做身體正念的練習會有種種神秘和甚至嚇人的感受。在我頭腦裡那個短暫、突然的疼痛代表什麼？我是不是有腦瘤？有這麼多發生在我們身體上的事情，是我們所無法控制的，包括生病、衰老、死亡。我們可能因爲自己的身體而感到受威脅，或甚至被迫害。爲什麼它不能做一個完美、不需維護、不斷運轉的機器？

深入課程

在負面能量的不斷炮轟下，沒有東西能夠欣然生長——孩子不行，寵物不行，盆栽不行，我們的身體也不行。一旦我們的身體外貌不符合我們內心完美主義或內心批判聲時，我們或許就會開始覺得有些挫敗，或是對身體感到有些憤怒。這也可能發生在身體某個部份出狀況的時候，像是受傷或生病的時候。我們開始恐懼或憎恨我們的身體。這對我們的身體不是一個健康的環境，甚至可能造成疾病。

慈愛是一股顯著的力量，是療癒的力量。人們經常發現，當他們散發慈愛給自己身體的時候，會覺得身體變得更好。心理緊張會造成生理緊張，生理緊張會妨礙血液流動並使肌肉收縮。隨著我年歲增長，我的身體開始抗議早起。而當我對自己的身體修慈心，以此開始晨間禪修的時候，感覺就像是吃了兩顆阿司匹林一樣。當我在夜晚入睡前對身體修慈心的時候，我能夠更深層地放鬆。在我身體疲憊或生病時修慈心，感覺就有如貼了一塊藥膏一樣。慈心能夠讓我們的各個部份——身、心、靈——都變得自在。

人們往往會對自己發送慈心感到抗拒，他們覺得這很自私，他們覺得應該對其他狀況更糟的人做這個修行。但對自己慈愛並非自私，這對於將慈心擴及他人是必要的先決條件。若是我們自己的慈心庫房是滿滿的，它就會自然盈溢、流向他人。

結語

每天至少對你的身體修一次慈心。這是最佳的另類醫療。

練習 52

微笑

爲期一週的時間，請讓你自己面帶笑容。注意你面部的表情，從內向外地注意：嘴唇是向上彎起還是向下？牙關咬緊？雙眉之間是否緊繃、有蹙眉紋？你經過鏡子或窗子倒影前的時候，稍微看一下你的表情。若是你察覺到中性或負面表情，就微笑。這不需要是一個很大的微笑，可以是一個小小的微笑，像是蒙娜麗莎的微笑。

提醒自己

在各個地方張貼「微笑」一詞或是微笑嘴型的圖片，包括在鏡子上面，或者在你的電腦上、車子儀錶板上、前門背面、電話上。你可以在講電話的時候試著微笑，或是在等紅燈的時候，或是每次你的電腦出現「請等待」圖標的時候。在禪修時，試著做一個輕柔的「內心微笑」，就像是佛陀臉上的微笑。

發現

有些人會對做這個練習感到有所抗拒，他們覺得無時無刻都在微笑是一件很「假」或不自然的事。然而，如果他們一天檢查鏡子數次，就會相當驚訝地發現，他們以爲自己臉上掛著悅人表情的這所有時間，其實都是帶著負面的習慣表情——略微蹙眉，嘴角向下撇，看似不滿的神情。一旦人們發現到這點，通常就會開始調整臉孔，讓自己看來較爲正面。

在寺廟的時候，有一次我們嘗試做一個極端版本的微笑練習，稱作「笑瑜珈」。不管我們的心情如何，早上九點，我們全都聚在一起，圍成一個圓圈，敲鐘，接著笑上整整兩分鐘的時間。一開始似乎是「虛假的」笑聲在我們相互看著對方發笑時，變得眞誠起來。人們發現，一旦他們克服對微笑或大笑的抗拒，即使他們並不眞的想笑，這些練習卻相當讓人享受，並且引發正向的心情。有一次，一位老師指派一個有點愁眉苦臉的學生做「笑得像個白癡」的練習，爲期是一整個禮拜的閉關期間。那位之前已經參加過很多次長期閉關的男士說，在他做過的所有閉關之中，這是最輕鬆並最讓人感到享受的。

有很多關於微笑的有趣研究。在所有的人類文化中，微笑都代表快樂。微笑是與生俱來的，而不是由學習而來。嬰兒大約在四個月大時開始微笑，即使他們生下來就是盲人。嬰兒在看見自己母親時的微笑（真誠的）和看見陌生人時的微笑（「社交性」微笑是只動口而不動眼）是不同的。微笑是強而有力的社交信號。給人看不同種族的圖片，人們會比較喜好展現微笑的族群。微笑幫助消溶別人的怒氣；人能夠在百米之外就分辨出他人臉上是微笑或是負面的表情——百米恰好是一支矛能射到的距離。

研究顯示，微笑具有很多有益的生理作用：降低血壓，增強免疫系統，釋放出天然的止痛劑（endorphins：胺多酚或腦內啡）以及天然的抗憂鬱劑（serotonin：血清素）。平均而言，衷心微笑的人會比那些沒有習慣微笑的人多活七年。微笑也會讓人更覺得你具有吸引力、較爲成功、年輕，並且是他們所喜愛的人。

深入課程

微笑具有感染力。剛閉完關出來的人，常常會因爲別人對自己微笑而感到困惑，甚至是他們在街上或雜貨店裡碰見的陌生人也會對他們微笑。接著他們會發現，那是因爲他們內心的放鬆狀態生成了外表的微笑，而別人只不過是在回應他們的微笑罷了。利益得到回饋：人們對我們回以微笑的時候，我們的心情變好。

我們微笑的時候，不只是影響別人的心情，也影響我們自己的情緒，面部肌肉會傳導反饋給腦部。一行禪師說：「有時候，你的喜樂是你微笑的泉源，而有時候，你的微笑可以成爲你喜樂的泉源。」

你微笑的時候，即使只是看似微笑地牽動嘴角，你的情緒都會受到鼓舞。事實上，人在使用肉毒桿菌消除臉部皺紋的時候，移動微笑所需的面部肌肉能力會降低，使得他們的正負面情緒強度也隨之降低。對微笑的研究明確顯示，控制面部能夠幫助控制心以及心所產生的情緒。

戴爾．約根森（Dale Jorgensen）是微笑影響方面的專家，他說：「我對此做了頗多的思惟。我的發現更加強化了我所遵循的指導原則，就是我們確實主宰著自己的命運。透過自己的行爲，我們確實能夠影響發生在自己身上的事。微笑就是一個例子，一個簡單的動作，卻能夠對我們和他人之間的種種經歷以及他們對待我們的方式起到深遠影響。」

描繪佛陀時，他總是被繪成面帶一縷溫和的微笑。這是個啓發人的微笑，是生自正念正覺之喜悅的微笑，是一個人面對一切情況都安然自若的微笑，即使是在他死亡的時候亦然。

結語

如果微笑對我們自己和周遭的人都具有如此明顯的正面效果，也許我們應該終生「認眞地」微笑修行。

練習 53

讓事物比你遇見前更好

這個練習進一步擴展了「使用後不留痕跡」（練習2）的修行。試著尋找方法，即使是很小的方法，讓空間或事物變得比在你接觸它們之前更爲整潔。

提醒自己

在合適的地方張貼「比先前更佳」的字眼，例如在廚房、浴室、臥室，以及離開這些地方的門上。

發現

第一次嘗試這個練習的時候，人們或許會感到有點困惑，因爲他們看見有這麼多「可

以」做的事情。我是不是應該撿起我公寓外面人行道上的所有垃圾？那麼街上或公園裡的呢？何時才算夠了？

這個練習的最佳場地，是我們大家都能做的眾多日常、就近的小事，例如在公車站撿起一些被風吹得亂七八糟的報紙，擦掉在廚房檯面上溢出的咖啡所留下的一圈漬跡，經過客廳的時候把靠墊放好，或是用紙巾把公共衛生間內的水槽擦乾淨。有些年輕人說他們不想做這個練習是因爲「以後可能就會被期待要做這些」。他們說，可能會有來自他人的期望，像是來自父母的期望，但也會有他們自己的期望，因爲他們會開始對把東西弄亂覺得有罪惡感。

這個功課似乎會陷入我所謂的「心靈荼毒」中，因爲有些人會尋思這個功課的哲學含意而步入歧途，他們會思索：在數個世紀以來，多次試圖改善世界的舉措都失敗了，「更佳」到底是指什麼？或是在發現別人留在水槽中的待洗碗盤時，他們會辯論到底該不該洗掉，這會不會「幫助」別人繼續他們的粗心大意，或是繼續不爲他人著想？然而，如同某人所觀察到的，「我發現，如果我不想清洗某個東西，我總是會非常自我中心地想：『爲什麼是我？我不想做這個。』如果我思惟有什麼能讓別人快樂，那麼這怨恨就會消失，我發現自己便能快樂地做這個練習。」另一人是碰到別人放得亂七八糟的一大堆鞋子，她說，放下心中的評判，而只是單純地運用自己的身體把這些鞋子排好，這麼做使她感到極大的寬慰。

熱愛這個練習的人在做這個練習時，會將這個經驗和其他練習連結在一起，例如：對一切狀況說「好」（以改善事物的狀態）、秘密善行（改善事物但不為人知）。有人將這個任務從實質物體延伸到人的身上，她的做法是詢問：「我如何能讓這段關係變得比以前更好？」另一人則嘗試了另一種版本，他稱作「讓能量處於更佳狀態」。如果他注意到自己的心態是負面、彆扭、批評的，他就研究有什麼方法能把這調整成正面的。就他個人而言，唱歌是最有效的方式。

深入課程

有無窮無盡的事物可以用來讓這世界變得更美好。雖然這個練習，是從改善我們直接相鄰的周圍環境開始，但卻有著更遠大的含意。我們大多數人，都不會擁有能夠改善數百萬人生命的發明。（而且，如同眾所周知的，這樣的發明從抗生素、民主制度到動物園，總是有著它們黑暗的一面。）然而，如果每一個人都能努力，因爲自己的存在，而讓自己小小的影響範圍變得更美好，這個世界就能獲得巨大的利益。

在禪宗修行時，我們的注意力焦點在於改善心靈狀態上。很多人都曾經注意到，在發現別人所造成的髒亂時，他們會對做這個練習升起恨意。他們發現自己的首要任務就是放下這個憎恨，接著他們才能在沒有附加煩惱痛苦的情況中開始清潔工作。如同某人所說，「我將這個功課做延伸，含括留意我心中的雜亂，並予以清除。我知道，只要我能夠放下心裡的批判、評論和其他不必要且毫無助益的思緒，我相信所有與我有接觸的人，事實上是整個世界，都會變得更好。」

大多數人都會眞誠希望，在自己來過之後，這個世界會變得更爲美好。他們使用無污染的清潔劑，帶著環保袋去雜貨店，並且注意不浪費水電、食物等資源。這些是生態方面的修行，是爲了我們自己和未來的子孫而努力，讓物質世界變得更清潔、更健康的方法。靈修是運用我們的心靈，將憤怒、嫉妒、貪婪等困難的心理狀態和情緒狀態，努力轉化成有益的狀態，例如決心、隨喜、慷慨佈施。不應該低估這些改變的效果，它們散發的力量能影響我們見到的每一個人，以及他們所見到的每一個人，並且不斷繼續向外擴散，成爲我們可以留給未來世代的另一個美妙遺產。

結語

在你到人間走過一回之後，留下一個更美好的世界，這沒有想像中的那麼困難。只要修持慈心就能做到。

開始修習禪坐

曾有人問我，「我們眞的需要學習禪修嗎？不是正念就夠了？」那要視情況而定。對什麼而言是足夠的？正念足夠讓你更快樂嗎？是的，正念足夠驅除尋常的無聊、遍佈的焦慮、細微的憂鬱，以及經常困擾我們的坐臥不寧。醫學研究顯示，修行正念能夠減緩疼痛以及許多身心方面的的疾病，從氣喘到牛皮癬，從飲食失調到憂鬱症。單純的處於當下，更完整地度過我們的生活，就能令我們更快樂、更健康，這眞是個美妙的發現。

正念的練習是一種「動禪」，在行動中的禪修，或說是在行動中的祝禱。正念的另一個層面涉及到靜坐，我們通常稱它是「坐禪」。身體靜止的時候，心也會變得更爲安靜。心安住的時候，我們就能在自己糾結念頭的周圍獲得更多的空間，於是有機會深入觀看自己生命中的重要議題。

當個人的心，包括回憶和憂慮靜止的時候，我們就能趨近深層的智慧流轉，這可以現作

「洞察力」，或稱作「慧觀」，它的力量強大，足以改變我們生命的進行方向。這種非常時刻有不同的名字：開悟、對實相的覺醒、神的聲音。

無論它是怎麼被稱呼的，一旦我們能夠在自身中體驗，我們的生命就獲得轉化。我們在這個難以預料的複雜世界中生活就不再懼怕。我們知道自己和所有的眾生都一樣，我們都屬於這個世界，我們現在所處的這個地方就是我們應該歸屬的地方，我們存在的方式就是最佳的方式。

以下是一些基本的禪坐指示。我鼓勵你去找一位能夠給你進一步指引的導師。

基本禪修指導

坐在一張椅子上或是地板的座墊上。坐的方式是放鬆但保持身體直立，讓胸部和腹部具有充裕的空間呼吸。（如果你無法坐起，也可以躺著禪修。）

把注意力集中在你的呼吸上。找出你身體裡最能感受到呼吸的部位。不要試著改變你的呼吸，你的身體非常知道要怎麼去呼吸，只要把你的注意力轉向呼吸即可。

將你的注意力安住在不斷變化的呼吸感受上，包括整個吸氣的期間，和整個呼氣的期間。每當你的心從對呼吸的覺知中飄開時（這可能經常發生），再次溫和地將注意力帶回。這是放鬆但完全處於當下的體驗，有如我們在假日中起床的時候，沒有什麼特別的事情要做，要做的只是單純享受坐下與呼吸。

繼續做二、三十分鐘，對一座禪修而言，這是合適的時間長度，坐久一點也可以。最好是每天禪修，讓這成爲你個人健康護理的一部份，就像是（爲你的心靈）沐浴。也許你在忙碌的日子必須縮短禪修的時間，但是每天五或十分鐘會比一個月一次修兩個小時來得好。我發現，在忙碌的日子裡，每一分鐘的禪修都會帶來兩倍以上的清明、等持、效率。

進一步修行的方式

本書中的某些練習可以延伸爲較長時間的禪修、思惟或祈願。發揮你的創造力。以下是幾個例子：

練習4：欣賞你的雙手

在你禪修的時候，打開覺知，覺察你雙手的感受，特別是它們相觸之處。基督徒也許會想要禪修「這是上帝之手」。

練習16：僅僅是三個呼吸

禪修的時候，在三個呼吸的期間，保持你的心完全敞開，納受一切，離於念頭。接著放鬆，讓你的心隨意漫遊。過幾分鐘後，再次放下所有念頭，全神貫注於祈禱或禪修，為期三個呼吸的時間。重複修持。

練習23：看看周圍的空間

把空間當作你禪修的關注點。例如，覺知你體內的空間（肺）、房內的空間、你心裡的空間——亦即念頭與念頭之間。

練習38：如海綿般地傾聽

在禪修或思惟期間，非常仔細地聆聽你所聽見的一切聲音，包括明顯的和不明顯的。聽的方式就像是你隨時會聽見一個重大消息一樣。

練習48：光

對離自己一到兩公尺遠的一根小蠟燭的燭火作禪修，或是在全然黑暗中禪修。

建議讀物

以下幾本書是對正念做了最清楚著述的暢銷書：

- 德寶法師（Bhante Henepola Gunaratana）著，《平靜的第一堂課：觀呼吸》（*Mindfulness in Plain English: Revised and Expanded Edition*）。中文版由橡樹林文化發行。
- 一行禪師著，《正念的奇蹟：每日的禪修手冊》（*The Miracle of Mindfulness: An Introduction to the Practice of Meditation*）。中文版由橡樹林文化發行。
- Thich Nhat Hanh, Happiness: Essential Mindfulness Practices（Berkeley: Parallax Press, 2009）
- 喬．卡巴金博士（Jon Kabat-Zinn Ph.D.）著，《正念療癒力：八週找回平靜、自信與智慧的自己》（*Full Catastrophe Living: Using the Wisdom of Your Body and Mind to Face Stress, Pain, and Illness*）。中文版由野人文化發行。

- 喬・卡巴金博士（Jon Kabat-Zinn Ph.D.）著，《當下，繁花盛開》（*Wherever You Go, There You Are: Mindfulness Meditation In Everyday Life*）。中文版由心靈工坊發行。

您或許也會有興趣閱讀我之前所著述的書：

- *Mindful Eating: A Guide to Rediscovering a Healthy and Joyful Relationship with Food*（Boston: Shambhala Publications, 2009）

誌謝

感謝我的導師們：博雄禪師與原田正道禪師（Shodo Harada Roshi）。我對正念的很多學習，都是來自於觀看他們拆閱信件、泡茶等日常行爲。

我感謝所有在過去二十年間，熱忱參與這些正念練習，並告訴我他們有何發現和洞察的所有人。

我也感謝伊登．斯坦伯格（Eden Steinberg），他確實可靠的編輯之眼幫助創造出這本書，比我自己單獨著述時更爲完善。

橡樹林文化 ❖❖ 衆生系列 ❖❖ 書目

JP0001	大寶法王傳奇	何謹◎著	200 元
JP0002X	當和尚遇到鑽石（增訂版）	麥可・羅區格西◎著	360 元
JP0003X	尋找上師	陳念萱◎著	200 元
JP0004	祈福 DIY	蔡春娉◎著	250 元
JP0006	遇見巴伽活佛	溫普林◎著	280 元
JP0009	當吉他手遇見禪	菲利浦・利夫・須藤◎著	220 元
JP0010	當牛仔褲遇見佛陀	蘇密・隆敦◎著	250 元
JP0011	心念的賽局	約瑟夫・帕蘭特◎著	250 元
JP0012	佛陀的女兒	艾美・史密特◎著	220 元
JP0013	師父笑呵呵	麻生佳花◎著	220 元
JP0014	菜鳥沙彌變高僧	盛宗永興◎著	220 元
JP0015	不要綁架自己	雪倫・薩爾茲堡◎著	240 元
JP0016	佛法帶著走	佛朗茲・梅蓋弗◎著	220 元
JP0018C	西藏心瑜伽	麥可・羅區格西◎著	250 元
JP0019	五智喇嘛彌伴傳奇	亞歷珊卓・大衛一尼爾◎著	280 元
JP0020	禪　兩刃相交	林谷芳◎著	260 元
JP0021	正念瑜伽	法蘭克・裘德・巴奇歐◎著	399 元
JP0022	原諒的禪修	傑克・康菲爾德◎著	250 元
JP0023	佛經語言初探	竺家寧◎著	280 元
JP0024	達賴喇嘛禪思 365	達賴喇嘛◎著	330 元
JP0025	佛教一本通	蓋瑞・賈許◎著	499 元
JP0026	星際大戰・佛部曲	馬修・波特林◎著	250 元
JP0027	全然接受這樣的我	塔拉・布萊克◎著	330 元
JP0028	寫給媽媽的佛法書	莎拉・娜塔莉◎著	300 元
JP0029	史上最大佛教護法一阿育王傳	德干汪莫◎著	230 元
JP0030	我想知道什麼是佛法	圖丹・卻淮◎著	280 元
JP0031	優雅的離去	蘇希拉・布萊克曼◎著	240 元
JP0032	另一種關係	滿亞法師◎著	250 元
JP0033	當禪師變成企業主	馬可・雷瑟◎著	320 元

JP0034	智慧 81	偉恩・戴爾博士◎著	380 元
JP0035	覺悟之眼看起落人生	金菩提禪師◎著	260 元
JP0036	貓咪塔羅算自己	陳念萱◎著	520 元
JP0037	聲音的治療力量	詹姆斯・唐傑斐◎著	280 元
JP0038	手術刀與靈魂	艾倫・翰彌頓◎著	320 元
JP0039	作為上師的妻子	黛安娜・J・木克坡◎著	450 元
JP0040	狐狸與白兔道晚安之處	庫特・約斯特勒◎著	280 元
JP0041	從心靈到細胞的療癒	喬思・慧麗・赫克◎著	260 元
JP0042	27% 的獲利奇蹟	蓋瑞・賀許伯格◎著	320 元
JP0043	你用對專注力了嗎？	萊斯・斐米博士◎著	280 元
JP0044	我心是金佛	大行大禪師◎著	280 元
JP0045	當和尚遇到鑽石 2	麥可・羅區格西◎等著	280 元
JP0046	雪域求法記	邢肅芝（洛桑珍珠）◎口述	420 元
JP0047	你的心是否也住著一隻黑狗？	馬修・約翰史東◎著	260 元
JP0048	西藏禪修書	克莉絲蒂・麥娜麗喇嘛◎著	300 元
JP0049	西藏心瑜伽 2	克莉絲蒂・麥娜麗喇嘛◎等著	300 元
JP0050	創作，是心靈療癒的旅程	茱莉亞・卡麥隆◎著	350 元
JP0051	擁抱黑狗	馬修・約翰史東◎著	280 元
JP0052	還在找藉口嗎？	偉恩・戴爾博士◎著	320 元
JP0053	愛情的吸引力法則	艾莉兒・福特◎著	280 元
JP0054	幸福的雪域宅男	原人◎著	350 元
JP0055	貓馬麻	阿義◎著	350 元
JP0056	看不見的人	中沢新一◎著	300 元
JP0057	內觀瑜伽	莎拉・鮑爾斯◎著	380 元
JP0058	29 個禮物	卡蜜・沃克◎著	300 元
JP0059	花仙療癒占卜卡	張元貞◎著	799 元
JP0060	與靈共存	詹姆斯・范普拉◎著	300 元
JP0061	我的巧克力人生	吳佩容◎著	300 元
JP0062	這樣玩，讓孩子更專注、更靈性	蘇珊・凱瑟・葛凌蘭◎著	350 元
JP0063	達賴喇嘛送給父母的幸福教養書	安娜・芭蓓蔻爾・史蒂文・李斯◎著	280 元
JP0064	我還沒準備說再見	布蕾克・諾爾＆帕蜜拉・D・布萊爾◎著	380 元
JP0065	記憶人人 hold 得住	喬許・佛爾◎著	360 元

JP0066	菩曼仁波切	林建成◎著	320 元
JP0067	下面那裡怎麼了？	莉莎・瑞金◎著	400 元
JP0068	極密聖境・仰桑貝瑪貴	邱常梵◎著	450 元
JP0069	停心	釋心道◎著	380 元
JP0070	聞盡	釋心道◎著	380 元
JP0071	如果你對現況感到倦怠……	威廉・懷克羅◎著	300 元
JP0072	希望之翼：倖存的奇蹟，以及雨林與我的故事	茱莉安・柯普科◎著	380 元
JP0073	我的人生療癒旅程	鄧嚴◎著	260 元
JP0074	因果，怎麼一回事？	釋見介◎著	240 元
JP0075	皮克斯動畫師之紙上動畫《羅摩衍那》	桑傑・帕特爾◎著	720 元
JP0076	寫，就對了！	茱莉亞・卡麥隆◎著	380 元
JP0077	願力的財富	釋心道◎著	380 元
JP0078	當佛陀走進酒吧	羅卓・林茲勒◎著	350 元
JP0079	人聲，奇蹟的治癒力	伊凡・德・布奧恩◎著	380 元
JP0080	當和尚遇到鑽石 3	麥可・羅區格西◎著	400 元
JP0081	AKASH 阿喀許靜心 100	AKASH 阿喀許◎著	400 元
JP0082	世上是不是有神仙：生命與疾病的真相	樊馨蔓◎著	300 元
JP0083	生命不僅僅如此—辟穀記（上）	樊馨蔓◎著	320 元
JP0084	生命可以如此—辟穀記（下）	樊馨蔓◎著	420 元
JP0085	讓情緒自由	茱迪斯・歐洛芙◎著	420 元
JP0086	別癌無恙	李九如◎著	360 元
JP0087	什麼樣的業力輪迴，造就現在的你	芭芭拉・馬丁＆狄米崔・莫瑞提斯◎著	420 元
JP0088	我也有聰明數學腦：15 堂課激發被隱藏的競爭力	盧采嫻◎著	280 元
JP0089	與動物朋友心傳心	羅西娜・瑪利亞・阿爾克蒂◎著	320 元
JP0090	法國清新舒壓著色畫 50：繽紛花園	伊莎貝爾・熱志－梅納＆紀絲蘭・史朵哈＆克萊兒・摩荷爾－法帝歐◎著	350 元
JP0091	法國清新舒壓著色畫 50：療癒曼陀羅	伊莎貝爾・熱志－梅納＆紀絲蘭・史朵哈＆克萊兒・摩荷爾－法帝歐◎著	350 元
JP0092	風是我的母親	熊心、茉莉・拉肯◎著	350 元
JP0093	法國清新舒壓著色畫 50：幸福懷舊	伊莎貝爾・熱志－梅納＆紀絲蘭・史朵哈＆克萊兒・摩荷爾－法帝歐◎著	350 元

JP0094	走過倉央嘉措的傳奇：尋訪六世達賴喇嘛的童年和晚年，解開情詩活佛的生死之謎	邱常梵◎著	450 元
JP0095	【當和尚遇到鑽石 4】愛的業力法則：西藏的古老智慧，讓愛情心想事成	麥可．羅區格西◎著	450 元
JP0096	媽媽的公主病：活在母親陰影中的女兒，如何走出自我？	凱莉爾．麥克布萊德博士◎著	380 元
JP0097	法國清新舒壓著色畫 50：璀璨伊斯蘭	伊莎貝爾．熱志－梅納＆紀絲蘭．史朵哈＆克萊兒．摩荷爾－法帝歐◎著	350 元

橡樹林文化 ❖❖ 成就者傳紀系列 ❖❖ 書目

JS0001	惹瓊巴傳	堪千創古仁波切◎著	260 元
JS0002	曼達拉娃佛母傳	喇嘛卻南、桑傑．康卓◎英譯	350 元
JS0003	伊喜．措嘉佛母傳	嘉華．蔣秋、南開．寧波◎伏藏書錄	400 元
JS0004	無畏金剛智光：怙主敦珠仁波切的生平與傳奇	堪布才旺．董嘉仁波切◎著	400 元
JS0005	珍稀寶庫——薩迦總巴創派宗師貢嘎南嘉傳	嘉敦．強秋旺嘉◎著	350 元
JS0006	帝洛巴傳	堪千創古仁波切◎著	260 元
JS0007	南懷瑾的最後 100 天	王國平◎著	380 元
JS0008	偉大的不丹傳奇．五大伏藏王之一貝瑪林巴之生平與伏藏教法	貝瑪林巴◎取藏	450 元

橡樹林文化 ❖❖ 善知識系列 ❖❖ 書目

JB0001	狂喜之後	傑克·康菲爾德◎著	380 元
JB0002	抉擇未來	達賴喇嘛◎著	250 元
JB0003	佛性的遊戲	舒亞·達斯喇嘛◎著	300 元
JB0004	東方大日	邱陽·創巴仁波切◎著	300 元
JB0005	幸福的修煉	達賴喇嘛◎著	230 元
JB0006	與生命相約	一行禪師◎著	240 元
JB0007	森林中的法語	阿姜查◎著	320 元
JB0008	重讀釋迦牟尼	陳兵◎著	320 元
JB0009	你可以不生氣	一行禪師◎著	230 元
JB0010	禪修地圖	達賴喇嘛◎著	280 元
JB0011	你可以不怕死	一行禪師◎著	250 元
JB0012	平靜的第一堂課——觀呼吸	德寶法師 ◎著	260 元
JB0013	正念的奇蹟	一行禪師◎著	220 元
JB0014	觀照的奇蹟	一行禪師◎著	220 元
JB0015	阿姜查的禪修世界——戒	阿姜查◎著	220 元
JB0016	阿姜查的禪修世界——定	阿姜查◎著	250 元
JB0017	阿姜查的禪修世界——慧	阿姜查◎著	230 元
JB0018X	遠離四種執著	究給·企千仁波切◎著	280 元
JB0019	禪者的初心	鈴木俊隆◎著	220 元
JB0020X	心的導引	薩姜·米龐仁波切◎著	240 元
JB0021X	佛陀的聖弟子傳 1	向智長老◎著	240 元
JB0022	佛陀的聖弟子傳 2	向智長老◎著	200 元
JB0023	佛陀的聖弟子傳 3	向智長老◎著	200 元
JB0024	佛陀的聖弟子傳 4	向智長老◎著	260 元
JB0025	正念的四個練習	喜戒禪師◎著	260 元
JB0026	遇見藥師佛	堪千創古仁波切◎著	270 元
JB0027	見佛殺佛	一行禪師◎著	220 元
JB0028	無常	阿姜查◎著	220 元
JB0029	覺悟勇士	邱陽·創巴仁波切◎著	230 元

JB0030	正念之道	向智長老◎著	280 元
JB0031	師父——與阿姜查共處的歲月	保羅・布里特◎著	260 元
JB0032	統御你的世界	薩姜・米龐仁波切◎著	240 元
JB0033	親近釋迦牟尼佛	髻智比丘◎著	430 元
JB0034	藏傳佛教的第一堂課	卡盧仁波切◎著	300 元
JB0035	拙火之樂	圖敦・耶喜喇嘛◎著	280 元
JB0036	心與科學的交會	亞瑟・札炯克◎著	330 元
JB0037	你可以，愛	一行禪師◎著	220 元
JB0038	專注力	B・艾倫・華勒士◎著	250 元
JB0039	輪迴的故事	慈誠羅珠堪布◎著	270 元
JB0040	成佛的藍圖	堪千創古仁波切◎著	270 元
JB0041	事情並非總是如此	鈴木俊隆禪師◎著	240 元
JB0042	祈禱的力量	一行禪師◎著	250 元
JB0043	培養慈悲心	圖丹・卻准◎著	320 元
JB0044	當光亮照破黑暗	達賴喇嘛◎著	300 元
JB0045	覺照在當下	優婆夷　紀・那那蓉◎著	300 元
JB0046	大手印暨觀音儀軌修法	卡盧仁波切◎著	340 元
JB0047X	蔣貢康楚閉關手冊	蔣貢康楚羅卓泰耶◎著	260 元
JB0048	開始學習禪修	凱薩琳・麥唐諾◎著	300 元
JB0049	我可以這樣改變人生	堪布慈囊仁波切◎著	250 元
JB0050	不生氣的生活	W. 伐札梅諦◎著	250 元
JB0051	智慧明光：《心經》	堪布慈囊仁波切◎著	250 元
JB0052	一心走路	一行禪師◎著	280 元
JB0054	觀世音菩薩妙明教示	堪布慈囊仁波切◎著	350 元
JB0055	世界心精華寶	貝瑪仁增仁波切◎著	280 元
JB0056	到達心靈的彼岸	堪千・阿貝仁波切◎著	220 元
JB0057	慈心禪	慈濟瓦法師◎著	230 元
JB0058	慈悲與智見	達賴喇嘛◎著	320 元
JB0059	親愛的喇嘛梭巴	喇嘛梭巴仁波切◎著	320 元
JB0060	轉心	蔣康祖古仁波切◎著	260 元
JB0061	遇見上師之後	詹杜固仁波切◎著	320 元
JB0062	白話《菩提道次第廣論》	宗喀巴大師◎著	500 元

JB0063	離死之心	竹慶本樂仁波切◎著	400 元
JB0064	生命真正的力量	一行禪師◎著	280 元
JB0065	夢瑜伽與自然光的修習	南開諾布仁波切◎著	280 元
JB0066	實證佛教導論	呂真觀◎著	500 元
JB0067	最勇敢的女性菩薩——綠度母	堪布慈囊仁波切◎著	350 元
JB0068	建設淨土——《阿彌陀經》禪解	一行禪師◎著	240 元
JB0069	接觸大地—與佛陀的親密對話	一行禪師◎著	220 元
JB0070	安住於清淨自性中	達賴喇嘛◎著	480 元
JB0071/72	菩薩行的祕密【上下冊】	佛子希瓦拉◎著	799 元
JB0073	穿越六道輪迴之旅	德洛達娃多瑪◎著	280 元
JB0074	突破修道上的唯物	邱陽·創巴仁波切◎著	320 元
JB0075	生死的幻覺	白瑪格桑仁波切◎著	380 元
JB0076	如何修觀音	堪布慈囊仁波切◎著	260 元
JB0077	死亡的藝術	波卡仁波切◎著	250 元
JB0078	見之道	根松仁波切◎著	330 元
JB0079	彩虹丹青	祖古·烏金仁波切◎著	340 元
JB0080	我的極樂大願	卓千拉貢仁波切◎著	260 元
JB0081	再捻佛語妙花	祖古·烏金仁波切◎著	250 元
JB0082	進入禪定的第一堂課	德寶法師◎著	300 元
JB0083	藏傳密續的真相	圖敦·耶喜喇嘛◎著	300 元
JB0084	鮮活的覺性	堪千創古仁波切◎著	350 元
JB0085	本智光照	遍智　吉美林巴◎著	380 元
JB0086	普賢王如來祈願文	竹慶本樂仁波切◎著	320 元
JB0087	禪林風雨	果煜法師◎著	360 元
JB0088	不依執修之佛果	敦珠林巴◎著	320 元
JB0089	本智光照—功德寶藏論　密宗分講記	遍智　吉美林巴◎著	340 元
JB0090	三主要道論	堪布慈囊仁波切◎講解	280 元
JB0091	千手千眼觀音齋戒—紐涅的修持法	汪遷仁波切◎著	400 元
JB0092	回到家，我看見真心	一行禪師◎著	220 元
JB0093	愛對了	一行禪師◎著	260 元
JB0094	追求幸福的開始：薩迦法王教你如何修行	尊勝的薩迦法王◎著	300 元
JB0095	次第花開	希阿榮博堪布◎著	350 元

JB0096	楞嚴貫心	果煜法師◎著	380 元
JB0097	心安了，路就開了：讓《佛說四十二章經》成為你人生的指引	釋悟因◎著	320 元
JB0098	修行不入迷宮	札丘傑仁波切◎著	320 元
JB0099	看自己的心，比看電影精彩	圖敦・耶喜喇嘛◎著	280 元
JB0100	自性光明——法界寶庫論	大遍智　龍欽巴尊者◎著	450 元
JB0101	穿透《心經》：原來，你以為的只是假象	柳道成法師◎著	380 元

橡樹林文化 ❖❖ 蓮師文集系列 ❖❖ 書目

JA0001	空行法教	伊喜・措嘉佛母輯錄付藏	260 元
JA0002	蓮師傳	伊喜・措嘉記錄撰寫	380 元
JA0003	蓮師心要建言	艾瑞克・貝瑪・昆桑◎藏譯英	350 元
JA0004	白蓮花	蔣貢米龐仁波切◎著	260 元
JA0005	松嶺寶藏	蓮花生大士◎著	330 元
JA0006	自然解脫	蓮花生大士◎著	400 元

橡樹林文化 ❖❖ 圖解佛學系列 ❖❖ 書目

JL0001	圖解西藏生死書	張宏實◎著	420 元
JL0002	圖解佛教八識	洪朝吉◎著	260 元

眾生系列　JP0098

最美好的都在此刻：53 個創意、幽默、找回微笑生活的正念練習
How to Train a Wild Elephant & Other Adventures in Mindfulness:
Simple Daily Mindfulness Practices for Living Life More Fully & Joyfully

作　　　者／珍・邱禪・貝斯醫生 Jan Chozen Bays, MD
責 任 編 輯／張威莉
業　　　務／顏宏紋

總　編　輯／張嘉芳
出　　　版／橡樹林文化
城邦文化事業股份有限公司
104 台北市民生東路二段 141 號 5 樓
電話：(02)2500-7696　傳眞：(02)2500-1951
發　　　行／英屬蓋曼群島商家庭傳媒股份有限公司城邦分公司
104 台北市中山區民生東路二段 141 號 2 樓
客服服務專線：(02)25007718；25001991
24 小時傳眞專線：(02)25001990；25001991
服務時間：週一至週五上午 09:30 ～ 12:00；下午 13:30 ～ 17:00
劃撥帳號：19863813　戶名：書虫股份有限公司
讀者服務信箱：service@readingclub.com.tw
香港發行所／城邦（香港）出版集團有限公司
香港灣仔駱克道 193 號東超商業中心 1 樓
電話：(852)25086231　傳眞：(852)25789337
馬新發行所／城邦（馬新）出版集團【Cité (M) Sdn.Bhd. (458372 U)】
41, Jalan Radin Anum, Bandar Baru Sri Petaling,
57000 Kuala Lumpur, Malaysia.
電話：(603) 90578822　傳眞：(603) 90576622
Email：cite@cite.com.my

版面構成／歐陽碧智 abemilyouyang@gmail.com
封面設計／黃健民 w110.w110@msa.hinet.net
印　　刷／韋懋實業有限公司

初版一刷／ 2015 年 4 月
ISBN ／ 978-986-6409-97-4
定價／ 350 元
城邦讀書花園
www.cite.com.tw

國家圖書館出版品預行編目（CIP）資料

最美好的都在此刻：53 個創意、幽默、找回微笑生活的正念練習 / 珍. 邱禪. 貝斯 (Jan Chozen Bays) 著. -- 初版. -- 臺北市：橡樹林文化，城邦文化出版：家庭傳媒城邦分公司發行，2015.04
面；　公分. --（眾生系列；JP0098）
譯自：How to Train a Wild Elephant & Other Adventures in Mindfulness
ISBN 978-986-6409-97-4（平裝）
1. 佛教修持　2. 生活指導
225.87　　104002920

104 台北市中山區民生東路二段 141 號 5 樓

城邦文化事業股份有限公司
橡樹林出版事業部　收

請沿虛線剪下對折裝訂寄回，謝謝！

|橡|樹|林|

書名：最美好的都在此刻　書號：JP0098

橡樹林文化

讀者回函卡

感謝您對橡樹林出版社之支持，請將您的建議提供給我們參考與改進；請別忘了給我們一些鼓勵，我們會更加努力，出版好書與您結緣。

姓名：＿＿＿＿＿＿＿＿ □女 □男 生日：西元＿＿＿＿＿年

Email：＿＿＿＿＿＿＿＿＿＿＿＿＿＿＿＿

●您從何處知道此書？

□書店 □書訊 □書評 □報紙 □廣播 □網路 □廣告 DM

□親友介紹 □橡樹林電子報 □其他＿＿＿＿＿＿

●您以何種方式購買本書？

□誠品書店 □誠品網路書店 □金石堂書店 □金石堂網路書店

□博客來網路書店 □其他＿＿＿＿＿＿

●您希望我們未來出版哪一種主題的書？（可複選）

□佛法生活應用 □教理 □實修法門介紹 □大師開示 □大師傳記

□佛教圖解百科 □其他＿＿＿＿＿＿

●您對本書的建議：

＿＿＿＿＿＿＿＿＿＿＿＿＿＿＿＿

＿＿＿＿＿＿＿＿＿＿＿＿＿＿＿＿

＿＿＿＿＿＿＿＿＿＿＿＿＿＿＿＿

非常感謝您提供基本資料，基於行銷及客戶管理或其他合於營業登記項目或章程所定業務需要之目的，家庭傳媒集團（即英屬蓋曼群商家庭傳媒股份有限公司城邦分公司、城邦文化事業股份有限公司、書虫股份有限公司、墨刻出版股份有限公司、城邦原創股份有限公司）於本集團之營運期間及地區內，將不定期以 MAIL 訊息發送方式，利用您的個人資料於提供讀者產品相關之消費與活動訊息，如您有依照個資法第三條或其他需服務之務，得致電本公司客服。

我已經完全瞭解左述內容，並同意本人資料依上述範圍內使用。

＿＿＿＿＿＿＿＿＿＿（簽名）